ALF LECHNER

Skulpturen 1990–1995

ALF LECHNER

Skulpturen 1990–1995

Herausgegeben von
Christoph Brockhaus

Mit Beiträgen von
Sabine Fehlemann, Renate Heidt Heller,
Karl Ruhrberg, Uwe Rüth,
Manfred Schneckenburger, Rolf Wedewer
und Christoph Brockhaus

Prestel
München · New York

Dieses Buch erschien anläßlich der Gemeinschafts-
ausstellung ›Alf Lechner – Skulpturen 1990–1995‹
im Wilhelm Lehmbruck Museum Duisburg (24.6.–24.9.1995),
in der Bauhütte Zeche Zollverein Essen (25.6.–1.10.1995),
im Museum Schloß Morsbroich Leverkusen (23.6.–3.9.1995),
Skulpturenmuseum Glaskasten Marl (25.6.–3.9.1995) und
Von der Heydt-Museum Wuppertal (25.6.–23.7.1995)

In Zusammenarbeit mit dem Sekretariat für gemeinsame
Kulturarbeit in Nordrhein-Westfalen, Wuppertal
Koordination: Ingrid Misterek-Plagge

Englische Übersetzung des Beitrags von
Manfred Schneckenburger: Elizabeth Clegg

Auf dem Schutzumschlag
Flammenbewegung, 1993/WV 514 (Photo Margreth Brill)

Die Deutsche Bibliothek – CIP-Einheitsaufnahme
Alf Lechner: Skulpturen 1990–1995 [Wilhelm Lehmbruck Museum,
Duisburg, 24. Januar–24. September 1995...
Von der Heydt-Museum, Wuppertal, 25. Juni–24. September 1995/
anläßlich der Gemeinschaftsausstellung Alf Lechner – Skulpturen
1990–1995]. Hrsg. von Christoph Brockhaus.
Mit Beitr. von Sabine Fehlemann... [In Zusammenarbeit mit dem
Sekretariat für gemeinsame Kulturarbeit in Nordrhein-Westfalen,
Wuppertal]. – München · New York: Prestel, 1995
ISBN 3-7913-1489-0
NE: Lechner, Alf: Brockhaus, Christoph [Hrsg.] Fehlemann, Sabine;
Gemeinschaftsausstellung Alf Lechner – Skulpturen 1990–1995
<Duisburg u.a.>; Wilhelm Lehmbruck Museum <Duisburg>

Lithographie Reproline, München
Satz Max Vornehm GmbH, München
Druck und Bindung Passavia Druckerei GmbH, Passau

ISBN 3-7913-1489-0

Inhalt

Vorweg

Einfache Formen. Still muß sein, still wird, wer sie sieht, wer sich auf sie einläßt. Sie teilen sich mit, und wir begreifen – kaum zu glauben: daß etwas schwer sein kann und leicht; gewichtig, gelassen sich gibt und, ganz gespannt, entspannt ist, lapidar und beredt. Ausdruck eines starken Temperaments und Körper aus Stahl, die den Raum ordnen; die ihm im Spiel der Kräfte ein Halt sind, Akte der Balance. Ahnungslos, unempfänglich jeder, der sich da fertig glaubt schon mit einem Blick.

Alf Lechners Skulpturen: Es ist das Geheimnis dieser großen Kunst, daß sie Klarheit zu schaffen scheint und unerschöpflich bleibt für unsere Wahrnehmung: daß sie bei aller Annäherung ihre Würde behauptet und nicht gleich aufgeht in einem Eindruck. Objekte, die subjektiver Erfahrung eine Chance bieten und sich zugleich auf Distanz halten. Ein Werk, so selbstbewußt, so souverän, so lebendig: einfache Formen?

Es versteht sich, daß die Kunstkritik, seit Jahren mit diesem Werk beschäftigt, nicht viel übrig gelassen hat, um wiederzugeben, was mir dazu einfällt – und ich mir aufgeschrieben hatte gleich nach dem ersten Besuch in seinem Atelier und Freigelände. Wir waren seinerzeit gemeinsam bei ihm, um zu verabreden, was jetzt entstanden ist: eine Gemeinschaftsausstellung, die das aktuelle Œuvre Lechners an fünf Orten in seinen je unterschiedlichen Aspekten zeitgleich zeigt, und dieser Katalog, der die stattliche Dokumentation von Dieter Honisch in die neunziger Jahre fortschreibt.

Wem immer zuerst die Idee zu danken ist, sehr bequem war es nicht, sie umzusetzen und die Interessen der Beteiligten mit ihrer Verläßlichkeit in Einklang zu bringen; wie oft hat uns dabei der Künstler selbst geduldig helfen müssen. Es ist nun mal in dieser Zeit des unverschämten Drucks auf die finanziellen Zuwendungen für die Kunst ein Glücksfall eigener Art, mit diesem gemeinsamen Plan gemeinsam zu einem so schönen Ergebnis gekommen zu sein. Und ich möchte der Stiftung Kunst und Kultur NRW für die frühe Bereitschaft, das Projekt mitzufördern, besondere Reverenz erweisen.

In fünf Städten des Landes, in fünf Ausstellungshäusern eine Präsentation Alf Lechners, die dem Siebzigjährigen gewidmet ist: Mit ihr und mit diesem Buch gratulieren wir ihm – und uns, die wir seine Arbeit hier studieren und erleben können.

Dietmar N. Schmidt

Sekretariat für gemeinsame Kulturarbeit
in Nordrhein-Westfalen

Zum Geleit

Alf Lechner, der in diesem Jahr 70 Jahre alt wurde, ist in Nordrhein-Westfalen kein Unbekannter; so stehen von ihm Plastiken im öffentlichen Raum u. a. in Bonn, Duisburg, Leverkusen, Marl und Rheine und künden von seiner künstlerischen Innovation.

Fünf Museen im Lande, verbunden durch das Sekretariat für gemeinsame Kulturarbeit in Wuppertal, ehren den bedeutenden Stahlplastiker durch eine Ausstellung seines Werkes. Zwar ist Alf Lechner kein Nordrhein-Westfale, eher das Urbild eines barocken Bayern, doch ist er dem Lande sehr verbunden, da viele seiner Plastiken in den hiesigen Stahlwerken entstanden.

Die Arbeit der Stiftung Kunst und Kultur des Landes Nordrhein-Westfalen ist auch nicht auf die Künstlerinnen und Künstler der Region beschränkt. Die Stiftung ist immer dann aufgerufen, fördernd mitzuwirken, wenn es gilt, künstlerisch Herausragendes im Lande, zuweilen auch außerhalb seiner Grenzen, vorzustellen und zu vermitteln. Dabei handelt die Stiftung nicht als Sponsor, der immer auch ein durchaus legitimes Eigeninteresse verfolgt, sondern als eine Einrichtung, deren Aufgabe vor allem darin besteht, Kunst und Kultur ideell und besonders materiell zu fördern. Bei diesem Tun geht sie auf Vorschläge – sie entwickelt selten eigene Projekte – der sie um Unterstützung angehenden Institute und anderen Einrichtungen oder Persönlichkeiten ein.

Ein Projekt wie dieses wurde mit Begeisterung unterstützt. Unser Dank richtet sich an alle, die daran mitgewirkt haben. Er geht natürlich besonders an den Künstler: Alf Lechner die besten Wünsche zu seinem Geburtstag und ein herzliches Willkommen in Nordrhein-Westfalen!

Fritz-Theo Mennicken

Stellvertretender Sekretär der Stiftung Kunst und Kultur des Landes Nordrhein-Westfalen

Vorwort und Dank

Seit dem Kubismus und Konstruktivismus gehören Eisen und Stahl zu den wesentlichen Materialien moderner Bildhauer in Europa, Amerika und Ostasien. Am Anfang stand die Integration von Eisendrähten und Stahlblechen innerhalb eines kombinierten Materialkonzeptes. Erst in den zwanziger Jahren entwickelten spanische Bildhauer wie Pablo Gargallo, Julio González und Pablo Picasso unterschiedliche Verfahrens- und Stilformen einer reinen Stahlskulptur, die einer internationalen Entwicklung wesentliche Impulse vermittelte. So entstanden die gelötete Drahtskulptur und die aus gestanzten Blechen oder zusammengeschweißten Fundstücken gestaltete Stahlskulptur. Nach 1945 und bis in die achtziger Jahre verdrängte die Stahlskulptur im Westen mehr und mehr den Bronzeguß, während in Osteuropa weiterhin die Bronzeplastik über die Stahlskulptur dominierte. Bronze und Figuration, Stahl und Abstraktion blieben über Jahrzehnte als Stil- und Materialkombinationen miteinander verbunden.

Mit ihrer konzeptuellen und minimalistischen Skulptur bemühten sich amerikanische Künstler in den sechziger Jahren, alle konstituierenden Elemente der Skulptur grundsätzlich zu hinterfragen und neu zu formulieren. Die Recherchen eines Sol Lewitt und Donald Judd, Robert Morris, Richard Serra oder Carl Andre regten sehr rasch zahlreiche westeuropäische Bildhauer an, wurden hier in europäischem Geist verarbeitet und teilweise mit den nachwirkenden Traditionen des Bauhauses verbunden.
In diesem Fluidum hat Alf Lechner sein bildhauerisches Werk begonnen und ebenso systematisch wie eigenständig entwickelt. Er hat wie kein zweiter deutscher Bildhauer die formalen, technischen und ästhetischen Möglichkeiten der Stahlskulptur ausgelotet und ausgereizt, je konsequenter desto tiefer, überzeugender und bewegender. Je älter er wird, desto mehr fordert er sich und das Material heraus. Dem Grundsätzlichen und Wesentlichen innerhalb seines dualistischen Gestaltdenkens einen adäquaten Ausdruck zu verleihen, hat er

seine Skulpturen in kolossale Dimensionen mit tonnenschweren Gewichten anwachsen lassen. Das Gewichtige mit dem Wesentlichen zu verbinden, seine hohe formale Erfindungsgabe mit immer neuen Materialprozessen zu verknüpfen, am Maßstab des Menschen und des Menschlichen sich zu orientieren und übermenschliche Kräfte zu respektieren und kalkuliert einzusetzen, fordert ihn in hohem Maße heraus – bis zu dem Punkt, wo sich Gewalt in scheinbare Leichtigkeit verwandelt. Leben bedeutet für Alf Lechner Plastik. In absoluter Unabhängigkeit und seit 1981 in der Abgeschiedenheit seines oberbayerischen Ateliers bündelt er auf immer neuer Ebene seine Lebenserfahrungen in Einzelwerken und Skulpturengruppen, immer freier und entschiedener. Auf der Basis von wechselnden Maß- und Proportionssystemen und aus den Grundformen von Quadrat und Kreis hat er eine unerhörte Vielfalt an plastischen Körpern aus dem konstruktiven Gestaltkanon entwickelt. Immer noch wächst das Spektrum an Positionierungen von Einzelwerken und an Kombinationen und Konstellationen von geteilten Stücken und Werkgruppen. Immer neue technische Verfahren setzt er als Ausdrucksträger von Materialenergien ein. Aus der Summe vieler Experimente und reicher Erfahrung gerät heute jedes Werk zu einem lapidaren und komplexen Statement, das sich aus Widerständen und Energien konstituiert und wie bei einer Gratwanderung eine labile Balance findet.

Schon aufgrund der Größen und Gewichte ist es keinem Museum der Welt möglich, auch nur einen einigermaßen repräsentativen Überblick über das vielseitige, monumentale Spätwerk von Alf Lechner zu vermitteln. Dafür bedarf es der durchdachten Kooperation und des Zusammenspiels von Werk und Raum mehrerer Institutionen. So haben sich fünf Ausstellungsinstitutionen in Nordrhein-Westfalen zusammengetan, um anläßlich des 70. Geburtstags von Alf Lechner diese Gemeinschaftsausstellung zu realisieren und mit einem Werkverzeichnis der Skulpturen seit 1990 zu verbinden.

Die Ausstellungskuratoren möchten zuerst Alf Lechner und seiner Frau Camilla für die ausgezeichnete Zusammenarbeit bei den Vorbereitungen von Ausstellung und Katalog danken. In Abstimmung mit den einzelnen Kuratoren hat Alf Lechner jeweils Werkgruppen aus den letzten fünf Jahren zusammengestellt, die in sich schlüssig, gegenseitig ergänzend sowie räumlich möglich und stimmig sind. Unser besonderer Dank richtet sich an Dietmar N. Schmidt und Ingrid Misterek-Plagge sowie an alle Mitarbeiter des Sekretariats für gemeinsame Kulturarbeit in Nordrhein-Westfalen, Wuppertal, sowohl für die Leitung von Organisation und Öffentlichkeitsarbeit dieses Gemeinschaftsprojektes wie für finanzielle Unterstützung, die in ebenso erfreulicher wie notwendiger Weise auch durch die Stiftung Kunst und Kultur des Landes Nordrhein-Westfalen gewährt wurde. Manfred Schneckenburger, einem der besten Kenner moderner Skulptur, danken wir herzlich für seinen profunden Einführungstext, ebenso Karl Ruhrberg für seinen aus freundschaftlicher Begegnung mit dem Künstler erwachsenen biographischen Essay. Nicht zuletzt gebührt den Mitarbeitern in unseren Häusern und dem Prestel-Verlag unser aller Dank.

Christoph Brockhaus
Wilhelm Lehmbruck Museum Duisburg

Sabine Fehlemann
Von der Heydt-Museum Wuppertal

Renate Heidt Heller
Wilhelm Lehmbruck Museum Duisburg

Winfried Knierim
Bauhütte Zeche Zollverein Essen

Jochen Krüper und Ulrich Ströher
Ausstellungsgesellschaft für zeitgenössische Kunst Essen

Uwe Rüth
Skulpturenmuseum Glaskasten Marl

Rolf Wedewer
Museum Schloß Morsbroich Leverkusen

»Was keinen Widerstand bietet, das interessiert mich nicht.«

Paul Valéry

Manfred Schneckenburger

Maß – Masse – Widerstand

Was wie eine Stereotype klingt, nähert sich einem Paradox. Lechner ist der profundeste Stahlplastiker seit der künstlerischen Entdeckung dieses Materials, der einzige Bildhauer, der den Stahl zu sich selbst bringt. Lechner ist fast ohne jede Verbindung zur, immerhin, gut 60jährigen Geschichte der modernen Stahlskulptur.

Im 19. Jahrhundert beherrschte der Werkstoff Eisen (wie später seine praktikablere Filiation Stahl) sämtliche industriellen Schlüsselbereiche. Leitindustrien wie Eisenbahn- und Maschinenbau, Brückenkonstruktionen und Ingenieurbauten brachten eine neue Welt hervor. Nur künstlerisch war das Eisen eher retrospektiv besetzt. Serielle Schnellverfahren stießen den Eisenguß rasch ins Fahrwasser verschiedenster Stilkopien – mit der Konsequenz, daß dem alten Schmiedematerial jeder eigene Stil, jede eigene Ästhetik abhanden kam. Erst das 20. Jahrhundert, die Konstruktivisten, dann Pablo Picasso, Julio González, in der nächsten Generation David Smith, danach Anthony Caro, Eduardo Chillida entdeckten seine Affinität zur entkernten Raumfigur, ausgreifenden Geste, phantasievoll klitternden Assemblage. Der eine Strang der modernen Plastik, die Abkehr vom Volumen, die Öffnung in einen inneren und äußeren Raum, stützt sich auf diese Eigenart. In den 60er Jahren verließen Künstler wie Erich Reusch und Richard Serra vollends das anthropomorphe Erbe. Ihre Skulpturen breiten sich ins Landschaftliche, Horizontale und binden sich an die Bedingungen des Orts. So verläuft die Geschichte der Avantgarden immer wieder mit der Stahlplastik an vorderer Front.

Stahlplastik als Primärzeugung

Die Einsicht, daß Lechner mit all dem weder gemeinsame Wurzeln noch kausale Verbindungen hat, ist um so wichtiger, als äußere Berührungen offenkundig sind. Allein schon Technik und Verfahren zeigen die Distanz. Eisen- und Stahlplastik, das waren (wie Rosalind Krauss ein Kapitel ihrer Fallstudie über Skulpturen im 20. Jahrhundert betitelt) von Picasso bis Caro ›welded images‹: zusammengeschweißte und gelötete Halbprodukte oder Trouvaillen vom Schrottplatz. Die Faszination des Materials lag nicht zuletzt in seinen vielfältigen Reizen der Addition. Lechner dagegen intensiviert mehr und mehr ein konträres Prinzip: Zerlegung, Teilung, Subtraktion, Division. Schweißbrenner und Lötstab werden durch Schneidbrenner und Metallsäge ersetzt. Das deutet keineswegs nur auf eine andere technische Ausrüstung, sondern auf eine andere ästhetische Strategie, die näher ans Bauhaus als an die Traditionen der Stahlplastik rückt. Lechner hat sie nicht erfunden, aber ihr Formpotential am entschiedensten systematisiert. Dabei bringt er die modernsten maschinellen Verfahren und gewaltige mechanische Kräfte ins Spiel. Er macht Technologien und metallurgische Finessen zur Voraussetzung seiner Arbeit – nicht in futuristischer Gigantomanie, sondern im Sinne eines Einklangs von Kunst und Technik. Kein anderer Plastiker setzt so vehement auf industrielle Produktionsprozesse und die physikalischen Eigenschaften des Stahls.

Lechner führt die Geschichte der Metallplastik nicht fort, sondern begründet sie für sich neu. Stahl bedeutet ihm keine Erweiterung bildnerischer Möglichkeiten ins Bizarre, Räumliche, Konstruktive. Stahl ist sein Untersuchungsgegenstand: eine widerständige Welt, die Lechner entdeckt, aufdeckt, in den Griff seiner Form nimmt, ohne ihr Eigenleben zu brechen – in der das Erzeugnis aus dem Bauch der Erde sich dem menschlichen Ingenium fügt. Warum nicht sogar die Mythologie bemühen, die uns 3000 Jahre lang Skulpturen verstehen half? Gaia vereinigt sich mit Hephaistos, der die Metalle nobilitiert, mit Prometheus, der den Menschen das Feuer brachte und ihnen Erfindungsgeist gab. In den 90er Jahren geht jede von Lechners Skulpturen aus der Verbindung chthonischer Urgewalten mit geistiger Bewältigung hervor.

Sind diese Skulpturen damit eher Primärzeugungen einer ästhetischen, wissenschaftlichen, technologischen Neugier als Kettenglieder im Gang der Kunst? Erweist sich Lechner als ein künstlerisch hellwacher, ebenso reflexionsgenauer wie ›naiver‹ Autodidakt – von hoher Professionalität? Als Dilettant im Sinne von Thomas Mann, der Grenzen überschreitet und als Künstler zum Metallurgen, als Metallurg zum Künstler wird? Als Grenzgänger zwischen Walzwerk und Museum, der ein Bildhauer

14/1972, Schweißkonstruktion aus Breitflanschträgern mit räumlicher Verwindung (WV 115)

ist, weil er Maß und Expressivität in dreidimensionalen, leibhaftigen, sinnlichen Gebilden faßt? Der vielleicht doch kein Bildhauer ist, weil er – eine ›condition moderne‹? – mit seiner Kunst eben nicht reagiert, keine dialektische Schrittfolge der Kunstgeschichte vollzieht, sondern sich unmittelbar zur Elementarform und zum Material verhält. Darin liegt keine Einschränkung, sondern eine außergewöhnliche Position.

Dazu gehört auch, daß Lechner, um bei der Kunst anzukommen, der Kunstgeschichte bedarf – nicht als eines Zubringers, wohl aber mit einigen Prämissen für die Expansion des Kunstbegriffs. Nur so konnte die Neugier des gelernten Schlossers, Industriedesigners und Erfinders mit der zeitgenössischen Kunst zusammentreffen. Nur so mündet sein individuelles Interesse an Materialreaktionen in eine breitere Strömung, die Ende der 60er Jahre notdürftig ›Prozeßkunst‹ heißt. Denn Lechners Grundproblem war schon 1957 auf verblüffende Weise vorformuliert. Die frühesten Arbeiten im Werkverzeichnis – *Blechbaum* und *Doppelschnitte* – gewinnen dem Stahl bereits, wie in einer Nebenbemerkung, Ansätze einer autonomen Sprache ab (WV 1, 2). Aber von den Inkunabeln bis zum eigentlichen Œuvre vergingen noch 10 Jahre. Erst 1967 fängt ein erweitertes Verständnis von Plastik den persönlichen Erkundungsdrang des über 40jährigen auf. Erst jetzt erfolgt der Durchbruch vom einzelnen handwerklich, kunsthandwerklich geprägten Vorstoß zum kontinuierlichen, konsequent ausgreifenden, vielfach vertieften Werk. Die Kunstgeschichte leistet Geburtshilfe. An der Zeugung beteiligt war sie nachweislich nicht.

Reichen die Prämissen noch weiter in die Vergangenheit zurück? Führt die Erinnerung an die erste generative Periode der modernen Plastik, zwischen 1908 und 1918, zu weit zurück? Die Kontrareliefs von Vladimir E. Tatlin beruhen (in gezieltem Kontrast zum Vorbild Picasso) auf der realen Spannung, auf realen Druck- und Zugverhältnissen von Eisen, Stahl und Draht – eine Linie, die erst ein halbes Jahrhundert später fortgesetzt wird. Erst in den 60er Jahren steigen konkrete Materialeigenschaften und -verhaltensweisen zu einem selbständigen plastischen Thema auf. Hier schwenkt Lechner ein.

Noch ferner als Tatlin liegt auf den ersten Blick Marcel Duchamp. Doch die Absage an jede künstlerische Handschrift, der Rückzug des Künstlers aus dem Werk, die Objektivierung vom Künstlersubjekt gehören zu den Fundamenten, auf denen auch Lechner steht. Ein Satz wie »Nur die Intelligenz, nicht die Handschrift des Künstlers ist sichtbar« liest sich wie eine Paraphrase auf Duchamp. Dessen *Réseaux des Stoppages* von 1914 und die zerbrochenen Glasscheiben seit 1915 sind Erstlinge einer Materialaktion, die sich ihre Form selbst sucht. Lesbarmachen und Sichtbarhalten von Entstehungsphasen werden in den späten 60er Jahren ein Topos der Plastik von Robert Morris bis Ulrich Rückriem. Der Quereinsteiger Lechner erhielt hier keineswegs seine Einstiegslektion, doch der neue, um Physikalität und Prozeß erweiterte Plastikbegriff sicherte seinen Weg.

Eher äußerlich sind dagegen zeitweilige Annäherungen an die Minimal Art. Gewiß treffen sich Lechners Würfelskelette und seriellen Ordnungen mit den amerikanischen ›primary structures‹ (vgl. WV 74ff.). Eine vorübergehende Auseinandersetzung mit Sol LeWitt ist unübersehbar. Dennoch konnte Dieter Honisch nachweisen, wie fundamental verschieden Lechners formimmanente statt raumbezogene, analytisch variable statt ganzheitliche Untersuchungen sind. Letztlich stehen Lechners stereometrische Primärformen in ihrer systematischen Veränderlichkeit dem Bauhaus näher als Don Judd.

Maß- und Materialreaktion

Lechner geht es, auch wo er einfachste Formen verwendet, nicht um das Einfache als formale oder moralische Qualität. Die einfache Form ist der Ausgangspunkt für metrische Operationen, die schon mit wenigen Schritten komplexere *Konjunktionen* (vgl. WV 157 ff., 211 ff.) und *Konstellationen* (vgl. WV 433 ff., 445 ff.) ausdifferenzieren. In den Teilungen offenbart sich das Innenleben der Proportion so wie in den Schnitten, Brüchen, Spaltungen das Innenleben des Materials.

Maß und Material, Proportion und Prozeß bilden die doppelte Basis für Lechners Skulpturen. Sie bestimmen, mit wechselnden Schwerpunkten, das ganze Werk. Jede Arbeit ist zwischen diese Pole gespannt. Gegen die sichere Ordnung von Geometrie und Stereometrie, Struktur und Serialität regt sich, präzise eingebunden, ein aggressiver Zugriff: Verformung, Verwindung, Störung – ein Gegensatz, der bis in die Wahl der Geräte reicht. Säge und Schneidbrenner legen mit ihrer trennscharfen Linearisierung noch in der Teilung konstruktive Ordnungen frei. Hydraulische Druckstempel und Kälteschock brechen schwer kalkulierbare Risse und Spaltungen auf. Sie tangieren den Bereich des Destruktiven, Anarchischen. Und doch stehen alle Eingriffe unter dem gleichen Gesetz. Lechner setzt keine Form auf, weder mit der eigenen objektiven Gestik noch durch ein angetragenes, mehr oder weniger harmonisches Formsystem. Er setzt weder sich selbst noch eine ideale Harmonie. Er befragt und erforscht vorgegebene Maßverhältnisse und Materialreaktionen und tritt selbst zurück. Alle Skulpturen entstehen aus ihren eigenen Bedingungen. Alle decken diese Bedingungen auf, kehren sie vor, entwickeln sie weiter. Alle sind vollkommen immanent.

Zwischen Formrechnung und Kraftkonzentration herrscht eine fruchtbare Relation. Die mathematische Genauigkeit der Teilungen weist die immensen Energieeinbrüche in einen spürbar logischen Rahmen. Die plastische, exakt bemessene Präsenz des Stahls sorgt dafür, daß aus Teilungen keine Schnittmuster entstehen. Die überlegte Plazierung der Teilstücke – aufrecht, am Boden liegend, gegeneinander verschoben, stimmig distanziert – verdeutlicht das Konzept und sichert optimale Einsehbarkeit.

Diese Skulpturen sind, mit einem Modewort der Hermeneutik, selbstreferentiell. Durch ihre Größendimension sind sie aber zugleich auch per se ›öffentliche Kunst‹. Honisch hat darauf zu Recht besonderen Wert gelegt. Der viel berufene öffentliche Raum – irgendwo zwischen Verkehrsstraßen und dem Gute-Stuben-Komfort kommerzieller Fußgängerzonen versteckt – weist diese Skulpturen nicht ab, so wie diese den öffentlichen Raum nicht abweisen. Im Gegenteil, ihre radikale Immanenz legt sich als eigener Anspruch, als eigene, in der Skulptur konzentrierte Wahrheit quer zum funktionalen Verschnitt oder zum historischen Restbestand unserer Stadträume. In diesen Skulpturen kommt die Kraft zur Ruhe und die Ruhe zu Kräften. Gerade weil eine jede Skulptur nur in sich selbst und aus sich selbst schlüssig ist, errichtet sie Barrieren gegen dekorative Anbiederung.

Lechners Werk vollzieht sich in Werkgruppen, genauer: Erkundungsreihen, die er wie ein Forscher (oder ein wissensdurstiges Kind?) vorantreibt. Manche überschneiden sich oder laufen parallel. Findet dabei eine Entwicklung statt?

Anfangs dominiert der knappe aggressive Akt gegen eine stereometrische Grundfigur: ein Rund- oder Vierkantrohr, ein Würfelskelett. Plastik als Störfall für ein heiles System, als Attacke auf eine ideale Form, in der das Material sich verbirgt. Lechner hebt es mit wenigen Knicken und Verformungen in die Sichtbarkeit (WV 7 ff.). Mitte der 70er Jahre tritt die rebellische Störkraft hinter Formstrukturen zurück (WV 127 ff.). Eine zentrale Rolle spielen jetzt Würfel und Würfelskelett: Gebilde »von nicht mehr zu überbietender Grundsätzlichkeit« (Hans-Joachim Müller). Der Hammer wird durch den Zirkelschlag, der Druckstempel durch die Formrechnung ersetzt – Lechners rationalste, konstruktiv-kühlste Periode. Müller adressiert damals einen Katalogbrief an den »lieben Pythagoras« – so pur kristallisiert Lechner Zahlenharmonien und Stereometrien aus. Erst als er sich dieser mathematischen Grundlagen vollkommen sicher ist, dringen wieder Gegenkräfte durch.

Aber auch noch in den Skulpturen der 90er Jahre, als die berstenden Energien des Stahls sich freieren Auslauf verschaffen, verliert Lechner über der Lust am Prozeß nicht die Liebe zur Proportion. Sie gibt durchaus mehr als einen formalen Rahmen vor. Das Staunen des großen, schweren Mannes über die Wunder der Maße und die Vollkommenheit der Verhältnisse, die aus einer einzigen Teilungsfolge entstehen, ist eine eindrucksvolle Erfahrung beim Gang um das Geretsrieder Haus. Er besteht darauf, daß weder Wohlklang noch Spannung von außen aufgetragen sind. Viele Skulpturen basieren auf einem Quadrat, dessen Seitenlänge von 170 cm mittlerem Menschenmaß entspricht. Hier liegt das anthropomorphe Modul am Gegenpol zu jenen Gewalten, die jedes Menschenmaß übersteigen. Aus der Diagonale des Quadrates leitet sich die Länge eines Rechtecks ab. Ausgangsquadrat und Rechteck können ineinander geschoben oder aneinander gelegt sein: Sie regulieren durch Raster, Teilungen, Halbierungen, Viertelungen, Zirkelschläge, Schnittpunkte die gesamte Struktur. Nichts liegt außerhalb dieses Metrums. Selbst die Dicke des Stahls leitet sich daraus ab und hält sich so im Rahmen einer stimmigen, plastisch effizienten Dreidimensionalität. Lechner hat hier seine eigene ›divina proporzione‹ gefunden, die er dem gefälligeren, akademischen Goldenen Schnitt vorzieht: eine perfekte Ökonomie konstruktiver Logik, in der sich nicht der kleinste Rest dem System entzieht. Die acht großen, mehrteiligen Blockskulpturen von 1994–95 gründen durchweg in dieser Konstellation (Tafel S. 46–63).

Ästhetik der Technologien

Das Jahr 1989 markiert eine Zäsur. Wenn offene Form, prozessuale Freiheit, souveräne Vereinfachung auf einen Punkt, vertiefte Emotionalität Merkmale eines Spätwerks sind, dann setzt jetzt Lechners Spätwerk ein: nicht als abgeklärte Summe, sondern als Essenz und Steigerung der bisherigen Kernidee. Als energetische Intensivierung der Materie Stahl, weg vom rationalen Konstrukt, hin zum Stahl als einer experimentellen ›terra incognita‹. Nicht daß Lechner dabei weniger systematisch auf Erkundung ausginge. Im Gegenteil, er bringt jetzt die verschiedensten Technologien und Verfahrensweisen auf ihren schlüssigen Nenner. Jetzt entsteht eine stupend ausformulierte Enzyklopädie technischer Möglichkeiten im Umgang mit Stahl. Jetzt treibt Lechner seine Neugier bis tief in die Legierungen vor und gewinnt ihnen eine beispiellos eruptive Sprachkraft ab. Er bedient sich schwerster hydraulischer Pressen, hinter denen die Wucht von 3000 Tonnen steckt. Schmieden, Walzen, Sägen, Schneidbrennen, Fräsen, Brechen, Biegen, Spalten, Flämmen – jedes Verfahren wird in seiner Wirkung dargestellt, visuell optimiert, mit anderen Verfahren nachvollziehbar verknüpft. Die formale Spezifizierung nimmt im gleichen Maß ab, wie das Vertrauen in die ästhetische Spannung und Dramatik des Stahles wächst.

Gewiß ist vieles bereits in den vorangegangenen Werkabschnitten angelegt. Auch die frühen *Verformungen* und *Verwindungen* resultieren aus Schwachstellen im Materialbefund (WV 7 ff., 111 ff.). Auch die frühen Würfelserien spielen nicht nur verschiedene Proportionen der Zerlegung durch, sondern kontrastieren eine geschmiedete, geschwärzte Zunderhaut mit dem silbrig schimmernden Sägeschnitt. Schon die plangeschmiedeten *Scheiben* setzen ihre schwellenden Ränder in Gegensatz zur liniengenauen Teilung. Schon die gewalzten Stahlblätter werfen sich dank einer Spannung, die der Schnitt erzeugt, zur Biegung auf. Lechners Werk bleibt kohärent, doch es gewinnt an Radikalität und Eindeutigkeit. Wäre es sentimental zu sagen, daß es in den Verdrängungen und Verwerfungen glühender Stahlmassen auch an Gefühlskraft gewinnt?

Das beginnt mit der verstärkten Betonung von Walz- und Schmiedeenden. Wo Stahl hoch- oder niedergeschmiedet wird, läuft die Form in fleischige Wülste aus. Wo der flüssige Stahl beim Walzen ins Breite und Lange geplättet wird, wölben die Ränder sich körperhaft aus und ein. Schmieden und Walzen halten, jenseits aller Funktionalität, den Ausdruck immenser Kompressionen und gewaltsamer Veränderungen fest. Lechner nutzt diese Expressivität, indem er sie betont inszeniert. Er sägt einen geschmiedeten Stahlbalken mittig durch und rückt die Teile, mit beiden Wulstenden wie Felsennester nach oben gewandt, zur Stele zusammen (Tafel S. 40/41). Er lagert eine gewalzte Platte derart am Boden, daß die ein- und ausbuchtenden, konkaven und konvexen Walzenden förmlich vorgeführt werden (vgl. Tafel S. 126/127, 132). Die Halbmeterstärke des Stahls verstärkt das Gefühl von Körperballung zusätzlich.

Gegen gerundete Wülste und Ballungen, gegen fleischige Weichheit wendet sich der metrisch präzise Schnitt. Jeder Schnitt definiert die Gesamtform nach einer geometrischen Proportion. Häufig werden, Lechners persönlicher ›divina proporzione‹ folgend, Quadrat und Rechteck getrennt. Am härtesten geht dabei die kalt sezierende Säge vor: Ihr messerscharfer Trennstrich markiert, anders als die amorphen Enden, eine reißbrettgenaue Endgültigkeit. Sägeschnitte betonen die Linie, deshalb sind die Teilstücke (außer bei den Würfeln) oft nach innen gewandt und eng zusammengeschoben. Um so drahtiger schneiden sie durch den Stahl. Ganz anders verfährt Lechner mit dem Schneidbrenner! Trennflächen sind hier auch optisch aufschlußreich. Sie schreiben den Weg der Feuerzunge lesbar mit (Tafel S. 102/103). Durch die geringere Dichte des Stahls zur Mitte hin gerät der Schnitt ins Gleiten, der Stahl weicht vor der Hitze aus und bringt ein Strichmuster bewegter Gravuren hervor – wer will, erinnert sich an skripturale Rhythmen oder wogendes Gras. Die anfangs glatte Fläche gerät mehr und mehr zur minimal geritzten, zunehmend fliehenden Schraffur, die dem Weg der Flamme folgt. Solche Flächen schiebt Lechner nicht zusammen, sondern wendet sie demonstrativ nach außen. Der Schnitt präsentiert sich als Stratigraphie, die den Eingriff fast bildhaft dokumentiert.

In den gebrochenen Arbeiten tritt die rechnerische Konzeption noch weiter zurück. Brüche, Risse, Splitterungen von Stein, Holz, Lehm kamen durchaus schon in der Prozeßkunst um 1970 vor. Doch Lechner bricht Legierungen mit einem hohen Anteil an Chrom und Kohlenstoff, die Härte statt Flexibilität, eine fast schon gläserne Spröde statt damaszenerhafter Geschmeidigkeit aufweisen. Das Ergebnis ist Bruchgefahr – ein Risiko, das die Industrie als kostspieligen Fehler zu vermeiden sucht. Lechner macht daraus, umgekehrt, eine gezielte Aktion. Er benutzt hydraulische Pressen; der Ansatz des Stempels erlaubt eine ungefähre Voraussage des Bruchverlaufs. Abweichungen, Abschrägungen, Ränderrisse, ornamental geschlungene Kurven sind dagegen nicht vorplanbar. Sie decken das stählerne Innenleben auf: unbezwingbare Härtezonen, gefährdete Geäder, Störungen im molekularen Verband, welche die egal abschließende, äußere Kontur kontern (vgl. Tafel S. 87, 88/89, 107 u. a.).

Der Aktion eignet stets etwas Spektakuläres: Angehörige des ganzen Hüttenwerks warten gebannt auf das Resultat. Berührt die Tatsache, daß Mängel sich als Kunst emanzipieren, Zweckloses zum Eigenzweck wird, keine klassische Definition von Kunst? Doch das Drama der Materie ist nicht alles. Erst die Anordnung schafft den Prozeß zur Plastik um. Lechner ist ein Meister der ebenso knappen wie wirkungsvollen, d. h. einsichtigen Plazierung. Zwei Bruchstücke werden so nebeneinander plaziert, daß die eine Bruchlinie mit ihrer fallenden Schräge in die Schräge der anderen Bruchlinie überläuft (Tafel S. 118). Der Abstand entspricht der Stärke des Stahls. Das schnittige, unregelmäßige Dreieck hebt, fast elegant, jede Anstrengung im ›fruchtbaren Moment‹ der Bruchstellen auf. Nicht weniger schlagend: Ein fast vier Meter langes Stahlblatt bricht in einem leichten Bogen der Länge nach auseinander (Tafel S. 125). Lechner stellt das eine Teilstück mit der angebrochenen, konkaven Seite nach oben. Sie biegt sich wie ein flacher Höhenzug. Das andere Bruchstück wendet sich mit seiner Kurvenkontur brückenartig dem Boden zu und läßt seinen geraden Abschluß gegen die Wölbung des Pendants auf das Schärfste kontrastieren. Aus der bloßen Umkehr zweier Bruchstücke wurde ein komplexes plastisches Gebilde, in dem Grundformen der Landschaft, Wölbung und Höhlung, gegeneinander schwingen.

Lechners Element ist der Widerstand. Anders gesagt: wo sich Widerstand regt, ist Lechner in seinem Element. Das ist künstlerisch, nicht psychologisch gemeint. Vielleicht besitzt der Stahl, dieses widerständigste Material, für ihn deshalb solche Ausschließlichkeit. Eine Reihe Zeichnungen entstand durch Verschieben eines Widerstands in Form eines Stahlblocks, der von der Zeichenhand nach und nach weggedrückt wird (vgl. Abb. S. 18). Der Zeichenstift deckt den gewonnenen Raum ab. In den *Stauchungen* kehrt sich dieser Vorgang, bis zur Gegenwehr des Stahls, ins Monumentale: Der noch knetbare Stahl wird gegen ein Hindernis gewalzt, staucht sich auf, wirft Wellen, drängt sich in Schleifen zusammen, erstarrt (Tafel S. 43). Die Skulpturen, ob in Faltengebirge getrieben oder vom Boden aus hochgedrückt, halten den Anprall fest. Sie fixieren den Augenblick, in dem das anbrandende Metall zurückgestaut wird und der Vorstoß zum Halten kommt. Das unterscheidet z. B. von den (im Prinzip verwandten) *Felt Pieces* von Robert Morris, dessen schwere Filzbahnen sich aufwerfen, doch ohne jede Kompression, ohne Zuspitzung auf einen extremen Punkt, die Lechners Radikalität ausmacht.

Führt die Entwicklung immer tiefer in eine gründlichst erforschte, bekannte unbekannte Welt? Die Industrie errechnet und erprobt konstruktive Qualitäten und Haltbarkeit des Stahls. Lechner laboriert mit dem destruktiven Fiasko zerrissener Stahlblätter und -zylinder. Mehr und mehr zieht er sich aus dem Machen und Formen zurück, zuletzt reduziert er sogar die mechanische, äußere Krafteinwirkung. Seit wenigen Jahren setzt er auf die eigene, innere physikalische Spannung der Aggregatzustände des Stahls. Seine Kühnheit wächst ins Demiurgische, er läßt enorme Hitzekonzentrationen und ebenso enorme Temperaturstürze für sich arbeiten. Glühender Stahl, durch große Temperaturdifferenz abgeschockt, reagiert. Hitze, die im Zentrum sitzt, bricht sich nach außen Bahn. Bleche spalten sich in explosiven Krümmungen und bizarren Haarnadelkurven. Zylinder bersten der Länge nach entzwei (vgl. Tafel S. 32/33). Der Stahl gebiert, unter äußersten physikalischen Bedingungen, seine eigene Form. Dann erst schmiedet Lechner ein Teilstück plan oder sägt einen Zylinder durch. Die Aufstellung betont diesen Kontrast von innerer Aus- und äußerer Einwirkung, Eruption und Geometrie. Oder sie inthronisiert die Spaltung selbst. Das Resultat sind ungeheure Skulpturen zwischen Naturkatastrophe, Industrie und Kunst: Skulpturen, die im Werk Lechners den extremen Gegenpol zur vollkommenen metrischen Durchdringung einnehmen. Es ist für den Künstler kennzeichnend, daß er gleichzeitig auch die kompliziert unterteilten, mit Lineal und Zirkel entworfenen Blöcke der *Konstellationen* ausarbeitet (Tafel S. 46–63). Beide Grundkonzepte, Prozeß und Konstruktion, sind nach wie vor präsent.

Metapher und Emotion

Die Frage nach dem Verhältnis zur Natur stellt sich nicht von ungefähr. Analogien zu erdgeschichtlichen Umwälzungen, Bilder von erstarrten Lavaströmen und vulkanischen Katarakten, die ins Meer stürzend abkühlen, werden konkret. Eine Nähe zu geologischen Formationen und Verwerfungen lädt die Skulpturen für uns mit einer starken Empfindung auf. In der Ästhetik des 18. Jahrhunderts galt die Vereinigung von Schönheit und Schrecken als ›erhaben‹. Angesicht der *Spaltungen* kann man sich dieser kunsthistorischen Reminiszenz nur schwer entziehen (vgl. Tafel S. 70/71, 111).

Gegen zurückweichenden Widerstand,
Graphit auf Papier, 1993

Auch die *Brechungen* rufen landschaftliche Assoziationen wach (Tafel S. 118, 120/121, 128, 136/137, 140, 141). Schluchten, Trockenrisse, gewundene Wasserläufe – ein Spektrum von der Vernichtung bis zum reinsten Linienklang. Die Vorstellung, daß (trotz der aufgewendeten Summe menschlicher Gedanken- und Erfindungsmacht) nicht der Mensch, sondern die Natur am Werk ist, bleibt auch hier. Der Eindruck von Zerstörung und naturhafter Ursprünglichkeit halten sich die Waage. Für einen ehemaligen Stall im Gothaer Schloß, der heute Keller ist, schlägt Lechner ein riesiges, geborstenes Stahlblatt vor. Sonst nichts. Sein Kommentar erinnert daran, daß sich hier der Erdboden verändert hat, abgesunken ist, für Kutschen mußte er ehemals ebenerdig sein. Solchen Veränderungen seien auch seine *Brechungen* verwandt. Lechner hat sie ebenso wie die *Spaltungen* in wachsendem Maß mit dem Attribut ›emotional‹ belegt. Das ist richtig, wenn man darunter unsere eigene Anempfindung mit ihren Phantasien und Bildvorräten versteht. Andererseits bleibt es willkürlich, weil Physikalität weder rational noch emotional, sondern schieres mechanisches Verhalten ist. Auch diese Skulpturen sind, auch und gerade durch ihr zweckbefreites Material, selbstreferentiell. Aura und Pathos fehlen ihnen dabei nicht! Zu den bedeutendsten Arbeiten gehören die kreuzförmig ›über den Stab gebrochenen‹ Platten (Tafel S. 88/89). Sie zeigen, wie der Materialpositivismus sich zu phrasenloser Rhetorik aufschwingt und ohne jeden Kompromiß ins Symbolische reicht. Die zeitweise Aufstellung der Plastik *Über den Stab gebrochen* im Chor der Osnabrücker Dominikanerkirche bestätigt dies, ist aber nicht ausschlaggebend (Tafel S. 94/95). Auch die Assoziation an Kreuz, Kreuzestod, die mit der Destruktion einhergeht, bleibt eher ein Nebenton. Nein, die starke Wirkung stammt vor allem aus der feierlichen, symmetrischen Zuordnung der doppelt gebrochenen Platte zu einem ungebrochenen Balken, der sie – wie ein Kreuzstamm? – unterlegt und den zentralen Bruch als klaffende Wunde nach oben hebt. Gequälte Materie, die sich selbst anspielungsreich transzendiert? Auch diese affektive Steigerung ist in Lechners dramaturgisch durchdachten Materialhandlungen angelegt.

Und doch verweigert sich seine Neugier aller linearen Zielstrebigkeit. Gewiß entwickeln sich die *Spaltungen* als eine der letzten Konsequenzen aus der Objektivierung vom Künstlersubjekt. Sie erhärten den Rückzug des Künstlers aus seinem Werk und überantworten selbst den emotionalen Appell an Gewaltausbrüche im Material. So gesehen sind die *Spaltungen* ein Höhepunkt delegierter Emotionalität. Gleichzeitig greift Lechner aber auch wieder auf sein altes analytisches Lieblingsmodell, den Würfel, zurück und untersucht erneut seine scheinbar restlos vertraute Stereometrie. Wie markieren eingefräste Kanten die Optik des Würfels, der laut Lechner mehr mit der einsehbaren Zahl Drei als mit der kognitiven Zahl Vier zu tun hat (Tafel S. 112, 113)? Wievieler Sägeschnitte bedarf es, strikt ökonomisch kalkuliert, damit die Dreidimensionalität des Würfels auch inwendig in Erscheinung tritt (Tafel S. 146–149)? Die Sägebahnen ziehen sich als ein geheimes Wegsystem interner Linien und Schnittpunkte durch den Würfel. Nach außen hin führen sie ein optisches Verwirrspiel vor. In anderen

Fällen setzt Lechner den Schnitt wie einen chirurgischen Eingriff und operiert ein Stück heraus. Dann wird der Block bis zur symmetrisch ornamentalen Deformation weitergeschmiedet. Kein Bildhauer hat jemals solche Entdeckungen am Würfel gemacht, keiner den Stahl mit so viel Genauigkeit erkannt.

Im Atelier in Geretsried

Englische Übersetzung S. 175

Karl Ruhrberg

Barocke Fülle – strenge Form

Als junger Kritiker hatte ich die landläufige Erkenntnis, daß ein guter Mensch bisweilen ein schlechter Künstler sein könne, absolut verinnerlicht. Dem entsprachen meine Berührungsängste. Ich vermied Künstlerbekanntschaften aus banger Sorge, die dem Rezensenten heilige ›Objektivität‹, bescheidener gesagt, die Unabhängigkeit des Urteils über das Kunstwerk einzubüßen. Inzwischen habe ich die Lektion gelernt, daß die unfehlbaren ›objektiven Kriterien‹ der 68er-Generation ebenso illusionär sind wie die positivistische Vorstellung von der Endgültigkeit wissenschaftlicher Erkenntnisse. Die Unabhängigkeit im Bewußtsein menschlicher Fehlbarkeit ist hingegen schlicht eine Frage der persönlichen Integrität, die – sofern glaubwürdig – durch Künstlerfreundschaften weder gefördert noch gefährdet wird. Trotzdem fand ich es immer gut, wenn die Begegnung mit dem Werk vor der Begegnung mit dem Menschen, der es geschaffen hat, stattfand. So erging es mir mit Alf Lechner.

Es muß vor etwa zwanzig Jahren gewesen sein, da hatte ich mit den prominenten Kollegen Petra Kipphoff, Wolf-Dieter Dube, Eberhard Roters, Jürgen Morschel und Peter M. Bode den Gewinner des Philip-Morris-Skulpturenpreises zu ermitteln. Trotz reichhaltigen Angebots gab es keine lange Diskussion, bevor wir uns alle für Lechners Arbeit entschieden, eine Skulptur, in der er Stahl und Glas zum Kontrastprogramm kombiniert hatte: Diese Verbindung ließ zwar bereits in hohem Maße Kraft und Spannung erkennen, besaß aber doch noch experimentellen Charakter. Die Plastik dokumentierte – was wir Juroren freilich ebensowenig wissen konnten wie der Künstler selbst – eine Stufe des Übergangs im Werk von Lechner.

Erst ein paar Jahre nach dieser Jurysitzung begegnete ich dem Preisträger leibhaftig. Er hatte eine Ausstellung in der Kölner Galerie Reckermann. Es wurden dort stählerne Bodenplastiken gezeigt, nicht mehr mit Glas und – den Räumlichkeiten einer Privatgalerie entsprechend – in begrenzten Formaten. Trotzdem wurde das Prinzip deutlich, das Gewicht der Skulptur bei präzisester formaler Kalkulation auch für den Betrachter ohne theoretischen Umweg erlebbar zu machen, statt die Stahlplatten, wie Richard Serra, in eine fragile Balance zu bringen. Die imponierende Erscheinung des Künstlers, den man eher mit Balthasar Neumann und der Würzburger Residenz in Verbindung gebracht hätte als mit der strengen Rigorosität seiner plastischen Konstruktionen, entsprach andererseits aber doch dem Gewicht seiner Werke. Die Verblüffung über Lechners epikuräischen Habitus, sein eindrucksvolles Volumen und die fröhlichen hellen Augen im kraftvoll ausgeprägten Gesicht dauerte nicht sehr lange. Denn ich erinnerte mich alsbald an meinen ersten und leider einzigen Besuch beim alten Barnett Newman in New York, dessen großfürstliche Attitüde in Verbindung mit seiner jugendlich-anarchischen Lebhaftigkeit auch nicht so ohne weiteres auf den Maler jener monochromen Farbfelder hätte schließen lassen, mit denen er das Sublime künstlerisch zu realisieren versuchte. Ich dachte auch an den jungen Yves Klein oder den alten Rupprecht Geiger, bei denen gewiß kein Mangel an Temperament festzustellen war oder ist; und schließlich fiel mir noch Piet Mondrian ein, jener nun wirklich asketische Anthroposoph calvinistischen Ursprungs, der in seinen späten amerikanischen Jahren noch ein leidenschaftlicher Boogie-Woogie-Tänzer geworden war.

Nun unterscheiden sich Lechners plastische Werke auf der Basis geometrischer Methodik vom klassischen Konstruktivismus trotz verwandtschaftlicher Bezüge nicht unerheblich. Und daß Boogie-Woogie, Rock oder Techno eines Tages noch Lechners Passion werden könnten, glaube ich eigentlich auch nicht. Worauf ich verweisen möchte, ist vielmehr die Tatsache, daß Vitalität und Sensibilität, Purismus und Imagination einander nicht ausschließen. Im Gegenteil. Um Rudi Oxenaars, auf Mondrian und de Stijl bezogene These zu zitieren:

»Konstruktivisten sind gefühlsbetonte Menschen, die kalte Kunst hervorbringen.«

Nun sind Lechners geformte, verformte oder gesprengte Stahlplastiken sicherlich nicht kalt, und ich meine, das explosive Naturell des Bildhauers sei bei intensiver Betrachtung dieser Arbeiten ebenso spürbar wie beim Anblick von Newmans *Who is afraid of Red, Yellow and Blue* oder Geigers leidenschaftlichem Rot. Reduzierung bedeutet bei

Im Ausstellungsraum in Geretsried mit *Konstellationen* aus dem Jahr 1987

Lechner Konzentration und Verdichtung. Seine Skulpturen sind künstlerisches Resultat der Disziplinierung eines starken Temperaments, dem die vergleichsweise harmlose impressionistische Landschaftsmalerei der ersten jugendlichen Annäherungsversuche an die bildende Kunst nicht genügen konnte. Doch es entspricht Lechners Souveränität, daß er diese Phase seiner Entwicklung keineswegs verschweigt. Und wenn man bei einem Besuch in seinem Haus – einem von ihm selbst nach eigenen Plänen umgebauten ehemaligen Heizkraftwerk in Geretsried bei München – etwas genauer hinschaut, entdeckt man einige schöne, heitere frühe Zeichnungen und locker gemalte Aquarelle, wenn sie sich auch gegenüber den Zeichnungen der reifen Jahre und den Bildern anderer Künstler – Geiger vor allem – sowie einer erlesenen Gläsersammlung bescheiden im Hintergrund halten. Die großzügigen, hohen Räume sind gleichwohl einladend und ohne eine Spur von Kühle. Das dominierende Weiß erscheint dem Besucher nach einer Weile wie eine Art Tarnanstrich für die phrasenlose, kernige Herzlichkeit des Besitzers und seiner Frau Camilla.

Temperament ohne Eigensinn kommt selten vor. Beides verbindet sich in der Person des Bildhauers mit einem enormen Drang nach Selbständigkeit und Autonomie. Die bajuwarische Wucht der Erscheinung ist dafür das äußerlich sichtbare Symbol. Die Mechanismen des routinierten Kunstbetriebs waren Lechner schon immer suspekt. Das hatte zur Folge, daß es einerseits viele Jahre dauerte, bis er das seiner eigentlichen Begabung gemäße Betätigungsfeld fand, daß er andererseits aber wirtschaftlich unabhängig war, als er es schließlich gefunden hatte.

Paul Klee war 34 Jahre alt, als er – im Verlauf der Tunesienreise – endlich von sich sagen konnte: »Die Farbe hat mich. Ich bin Maler.« Alf Lechner war bereits 36 Jahre alt, als er 1961 sozusagen noch im Nebenberuf seine ersten additiven Stahlskulpturen schuf. Vorher hatte er im Anschluß an seine Studien bei dem braven Landschafter als Maler, Graphiker und Industriedesigner gearbeitet und es überdies im Umgang mit Lichttechnik und Stahlverarbeitung zum praktizierenden Kenner von hohen Graden gebracht. Mit Erfindungen, die teilweise noch heute verwendet werden, verdiente er soviel, daß er, frei von Existenzsorgen, als Künstler tun und lassen konnte, was er wollte. So sagt er heute noch gern in Anlehnung an Picassos berühmtes Bonmot: »Ich suche nicht, ich erfinde.«

Diese angenehme Lebenssituation ermöglichte es ihm, seine bildhauerischen Ideen völlig unbelastet Gestalt werden zu lassen. Sie verführte ihn in seiner selbstbewußten Großzügigkeit und seiner lässigen Liberalität aber auch dazu, sich wenig um seinen Ruhm und dessen Verbreitung zu kümmern. Infolgedessen wurde er lange Zeit unter der Rubrik ›bekannter bayerischer Bildhauer‹ geführt, ehe es sich bei Publikum und Experten herumsprach, daß man es im Fall Lechner nicht mit einem Künstler regionalen oder nationalen, sondern internationalen Ranges zu tun hatte. Den Maestro selbst hat das lange Zeit wenig gekümmert. Denn neben der mit großer Intensität betriebenen Arbeit blieb immer noch Zeit für Freundschaften, die im Leben Lechners eine ganz wichtige Rolle spielen. Es blieb auch stets Zeit für Feste. Sie sind dem Künstler wichtiger als manche Vernissage. Denn erstens sind ihm handfeste substantielle Gespräche lieber als jeder windschnittige Small Talk und zweitens sind seine Qualitäten als Gourmet seiner künstlerischen Begabung adäquat.

Meine Sympathie für Alf Lechner und für seinen künstlerischen Weg von der flockigen Malerei zur gewichtigen Plastik hat sicherlich mancherlei Ursachen. Eine davon wird wohl eine partielle Parallelität der eigenen Entwicklung sein. Als Liebhaber des Barock hatte ich von Anbeginn auch beim Reden und Schreiben eine unverkennbare Neigung zum rhetorischen Ornament und zur verbalen Rocaille. Das trug mir die ebenso ernsthafte wie wohlmeinende Ermahnung eines väterlichen Freun-

Das Wohn- und Atelierhaus des Künstlers

des ein, des Lyrikers und Erzählers Emil Barth: »Schreiben Sie so trocken wie möglich, feucht wird's bei Ihnen ganz von selber.« Ich habe mich nach Kräften bemüht, dieser Forderung gerecht zu werden. Wie weit es geglückt ist, weiß ich nicht. Lechner hingegen ist die Bändigung seines unbändigen Naturells in seinem Bereich auf erstaunliche Weise gelungen. Im Bewußtsein eigener Unvollkommenheit gilt ihm daher mein freundschaftlicher Respekt: dem vitalen Bildhauer ebenso wie dem Connaisseur erlesener Speisen.

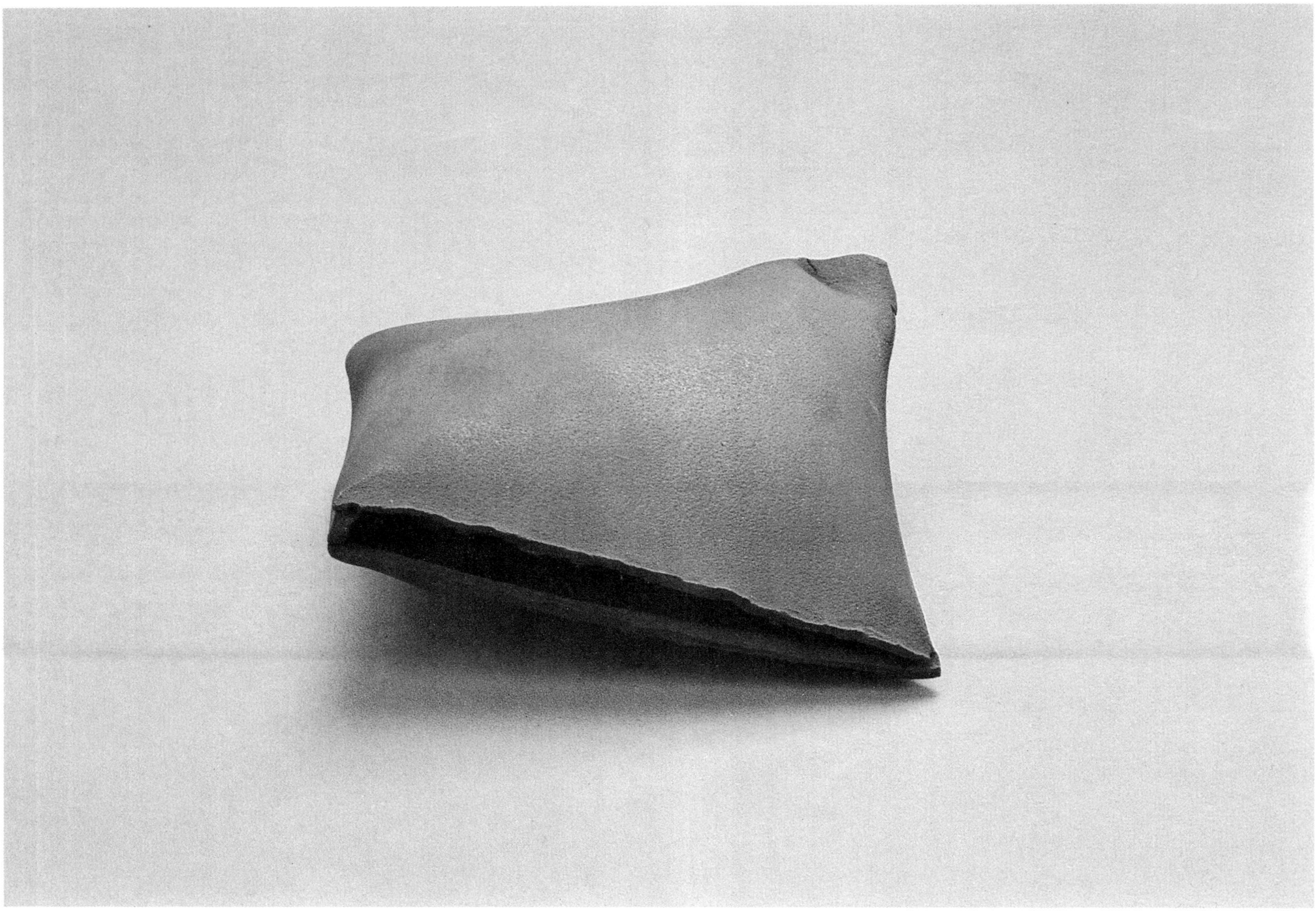

Biographie

1925
Am 17. April in München geboren und aufgewachsen in Schwabing am Englischen Garten. Im gleichen Haus lebte der See- und Landschaftsmaler Alf Bachmann. Bei ihm lernte Alf Lechner früh zeichnen, eine Voraussetzung, um sehen zu lernen.

1943
Nach Abschluß des Realgymnasiums eingezogen zum Reichsarbeitsdienst, anschließend Kriegsmarine mit Ingenieuroffiziersausbildung und Kriegsgefangenschaft.

Bis 1948
Einziger Schüler von Alf Bachmann, vertieft in Landschaftsmalerei und Freilichtmalerei im Stile der Jahrhundertwende.

1948
Schlosserausbildung, gleichzeitig Entwicklung und Herstellung von technischen Geräten. Gründung einer Metallverarbeitung, Fabrikation von Operationslampen, Ausstellungsarchitektur und Gebrauchsgraphik.

1952
Heirat mit Brigitte Debeaux; Söhne Matthias und Johannes; Scheidung.

1956
Heirat mit Renate von Dehn-Rotfelsen, genannt Bim; Töchter Veronika, Angelika, Katharina.

1957
Erste Versuche mit Stahlskulpturen, die auf Beobachtungen des Materialverhaltens beruhen.

1963
Nach Ausstieg aus dem Industriebetrieb Umzug in ein Haus mit Werkstatt nach Degerndorf, ein Bauerndorf in der Nähe des Starnberger Sees.

S. 24
Ohne Titel, 1967

Kreuz, 1959

Bei der Arbeit in Degerndorf, 1970

1968
Erste Ausstellung von weiß beschichteten Stahlskulpturen in der Galerie Heseler in München.

1972
Förderpreis der Stadt München und erste Kontakte mit der stahlverarbeitenden Industrie.

1973
Arbeitsstipendium des Kulturkreises im BDI und damit Beginn einer fast zehn Jahre währenden Möglichkeit, in den Werkshallen der Linde AG große Skulpturen herzustellen. Auch die jahrelange Beobachtung der Industrieproduktion erweitert seine Erfahrung.

1974
Kunstpreis der Akademie der Künste, Berlin.
Beginn der umfangreichen Werkgruppe *Konjunktionen*.

1975
Mitglied des Deutschen Künstlerbundes.

1976–77
Werkgruppe *Flächenabwicklung*: Beim Bewegen durch Kippen oder Rollen schwerer Körper hinterlassen die Objekte Bodenzeichnungen, die einer Gesetzmäßigkeit unterliegen.

Räumliche Stabilisierung massiver Konstruktionen aus Stahl durch Glasscheiben. Gleichzeitig Weiterentwicklung der *Konjunktionen* zu Teilungen und später zu *Konstellationen*.

1979
Erster Preis ›Dimension 79‹, einem Wettbewerb für zeitgenössische Skulptur (Philip Morris GmbH).

1980
Kauf der Ruine eines Industriegebäudes aus den dreißiger Jahren in Geretsried. Ausbau mit dem Architektenehepaar Elfi und Hermann Rühl zu einem Wohn- und Werkstättengebäude. Im Außenraum entwickelt sich nach und nach ein Skulpturenpark.

1981
Bühnenbild zu *Antigone*, Stadttheater Ulm.

1983
Mehrere Reisen nach Saudi-Arabien und Studium alter Lehmarchitektur. Herstellung zweier Skulpturen für die Eingangsbereiche der King Saud University in Riad.

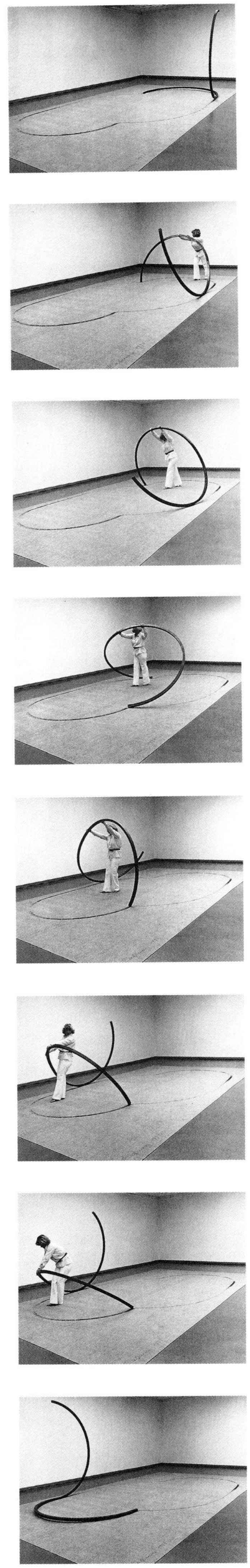

Im Stahlwerk an der Abkantpresse

Die Jury des Wettbewerbs ›Dimension 79‹

Der Künstler mit Max Bill und Maria Theresia Piepenbrock, 1989

Flächenabwicklung V, 1977

1984
Werkgruppe *Versinkende Skulpturen* aus massiv geschmiedeten Körpern.

Reise nach Japan mit Dieter Honisch und Aufbau der Skulpturenausstellung ›Dreidimensional, aktuelle Kunst der Bundesrepublik Deutschland‹ in Tokio.

1986
Tod von Bim am 14. August.

1988
Erster Preis im Wettbewerb um den ›Stadtbildhauer im Skulpturenpark Schloß Philippsruhe‹ in Hanau.

1988–89
Großformatige Graphitzeichnungen *Gegen zurückweichenden Widerstand.*

1989
Heirat mit Rosa-Maria Molzberger, genannt Camilla; Sohn Daniel.

Erste Arbeiten aus gebrochenem Stahl. Geborstene und gespaltete Flächen und Körper aus legierten Edelstählen.

1990
Verleihung der Medaille ›München leuchtet‹ in Gold durch die Landeshauptstadt München.

1990–91
Gastprofessor an der Akademie der Bildenden Künste, München.

1991
Verleihung des ›Kritikerpreises 1991 für bildende Kunst‹ vom Verband der Deutschen Kritiker e. V., Berlin.

1992
Verleihung des ›Piepenbrockpreises für Skulptur 1992‹; damit verbunden die Ausstellung der Skulptur *Über den Stab gebrochen* von 1991 in der Kunsthalle Dominikanerkirche in Osnabrück.

1993
Austritt aus dem Deutschen Künstlerbund.

Honorarprofessor an der Akademie der Bildenden Künste, München.

Bildhauerklasse an der Sommerakademie, Salzburg.

1994
Zweimonatiger Aufenthalt mit Camilla als Ehrengast in der Accademia Tedesca, Villa Massimo, Rom.

1995
Mitglied der Bayerischen Akademie der Schönen Künste.

Alf Lechner mit Rupprecht Geiger, 1985

Das Industriegebäude in Geretsried vor der Renovierung

Ausgestellte Werke

Während in Lechners Gesamtwerk das Teilen einer Form durch Schnitte von besonderer Bedeutung ist, weil die Schnitte den »inneren Wert« (Lechner) des Materials, dessen Charakter freilegen oder dessen Energien freisetzen, hat er bei den Duisburger Arbeiten einzig bei den *Stelen* von 1992 einen solchen von außen in die Form eindringenden Eingriff vorgenommen (Tafel S. 40/41). Er teilt die langgestreckten, geschmiedeten Quader mit quadratischem Profil, um die Schnittflächen als Standflächen zu benutzen und die Aufmerksamkeit des Betrachters auf die Quaderenden zu richten. Diese organisch anmutenden, nicht rational definierbaren individuellen Gebilde sind es, die im Kontrast zur geometrischen Gesamtform der Stelen ein Gefühl vermitteln für die sensible Weichheit des glühenden Materials, das an den Kopfseiten dem Druck der Schmiedehämmer ausweicht.

Beim Walzvorgang entstehen an den Rändern Wülste, die in der Arbeit *Faltung gegen Widerstand* von 1994 mit der Glätte der gewalzten Fläche kontrastieren (Tafel S. 43). Da ein mächtiger Quader zu einem Blech gewalzt ist, rücken die Wülste dicht zusammen, so daß sich eine lineare Innenraumzone ergibt, durch die sich die Stahlplatte differenziert: Sie erscheint nicht als statische, homogene Massengestalt, sondern gibt zu erkennen, daß sie durch Bewegung, Veränderung ihrer physikalischen Struktur entstanden ist. Dieser Eindruck der inneren Beweglichkeit wird dadurch gesteigert, daß sich die Fläche räumlich auffaltet. Sie wurde im glühenden Zustand gegen einen Widerstand gerammt. Lechner stellt diese Skulptur nicht frei im Raum auf, sondern richtet den aufgefalteten Teil gegen eine statische, feste Gebäudewand, so daß diese als passive Kraft fungiert, während die aktive Kraft des Auffaltens in der Skulptur selbst begründet erscheint. Die Kraft, die das Material gegen den Widerstand treibt, wird als skulpturale Energie erfahren, weil sie in der Reaktion des weichen Materials sichtbar wird, die nach eigenen Gesetzen erfolgt.

Daß Lechner derjenigen Energie, die dem Material innewohnt, Geltung verschafft, unterscheidet diese Arbeit grundsätzlich von seinen frühen *Verformungen* (1969–71), bei denen er nachträglich eine intakte Form gestört hat. Daß er nicht von außen in das Material eingreift, wie das beim Schneiden, Sägen oder Brechen geschieht, daß eigentlich nicht er selbst das Material formt, es vielmehr einem Geschehen aussetzt, in dem es sich selbst verändert und Gestalt annimmt, unterscheidet diese und andere neue Arbeiten von seinem gesamten früheren Œuvre. Indem der Künstler sich selbst, seine Handschrift zurücknimmt, unterstreicht er die Eigenständigkeit der Skulptur, so daß der Betrachter emotionale Qualitäten als plastische Energien wahrnimmt. Dennoch achtet Lechner darauf, daß die rationale, spirituelle Dimension seines Schaffens anschaulich wird. Rationales Denken bestimmt die Planung des Produktionsprozesses, der genaue Materialkenntnisse voraussetzt, um zu einem Ergebnis zu gelangen, das trotz aller Emotionalität den anschaulichen Bezug zu geometrischen, geistigen Grund- und Ordnungsformen bewahrt.

Die Grundform der *Großen Zylinderspaltung* von 1991 ist ein Zylinder, der in der Mitte der Länge nach gespalten ist (Tafel S. 32/33). Indem Lechner bei der Aufstellung der beiden Halbzylinder die Innenflächen nach außen wendet, unterstreicht er den Öffnungsvorgang und richtet die Wahrnehmung auf diese Teilungsflächen, deren ungewöhnliche, unregelmäßige Formationen an Gestein oder erstarrende Lava denken lassen, keineswegs an Stahl, dessen Härte und Dichte sich jedoch an den geschmiedeten Außenrundungen zu erkennen gibt. Das Innere des Stahlkörpers wirkt wie unbekannte Natur, die nicht hergestellt, sondern naturgeschichtlich gewachsen ist und in der gewaltige innere Kräfte gearbeitet haben müssen. Da die Grundform des geschmiedeten Zylinders jedoch den Gedanken an ein Natur-Fundstück ausschließt, drängt sich die Frage nach den Kräften auf, die den Zylinder zerborsten haben. Es sind dies Spannungsenergien im Material, die entstehen, wenn die glühende Form plötzlicher Kälte ausgesetzt wird. Es sind elementare Vorgänge im Inneren der werdenden Skulptur, die Energien freisetzen, welche sich der Bändigung des Materials in einer geschlossenen Form widersetzen und den naturhaft ursprünglichen Charakter des Materials sichtbar machen.

Schon 1989 experimentierte Lechner mit dem Bersten von Stahl; er hat aber damals die *Geborstenen Platten* zu Rechtecken gesägt und die beiden Teilformen so nah aneinander gelegt, daß sich das Materialinnere nicht darbietet, die Risse eher als Störungen der Form und Ordnung empfunden werden. Bei der *Großen Zylinderpaltung* hingegen erfährt der Betrachter das Schmieden und das Bersten, das intentionale Verdichten und das naturhafte Öffnen des Materials als gleichwertige Konzepte der Skulptur.

Während Lechner bei den bisher beschriebenen Arbeiten das Materialverhalten in der Weise nutzt, daß elementare Energien anschaulich werden, zeigt sich bei *Unterbrechung* von 1993, wie sich das Materialverhalten auf eine durchaus rational intendierte Skulpturform auswirkt (Tafel S. 39). Lechner geht von quaderförmigen Gußformen aus, in die er flüssigen Stahl füllt, der noch vor der endgültigen Erstarrung zur Hälfte wieder ausgegossen wird – eine präformale, künstlerische Entscheidung. Das verbleibende Material, das an den Wänden der Gußformen haftet, härtet schnell zu einer gleichmäßig starken Materialschicht, während sich die größere Materialmenge im unteren Teil sammelt und zu einem massiven Block erstarrt. So entstehen materiell ganzheitliche Skulpturen, die sich in einen massiven und einen hohlen Block gliedern, so daß Körper und Raum als komplementäre Bedingungen der Skulptur eine untrennbare Einheit bilden. In ihr treten sie nebeneinander, also gleichwertig, auf und bewirken gleichermaßen, daß sich die Skulptur ebenso gegen den Freiraum verschließt wie sie sich zu ihm öffnet.

Daß die innere Gliederung der Skulptur, die nicht leicht einsehbar ist, visuell einsichtig geworden ist, verdankt sie dem Materialverhalten. Da die beiden Blöcke unterschiedlich schnell erstarren und schrumpfen, entstehen Spannungen, die an der Oberfläche zu einer halbkreisförmigen Bruchlinie führen, die den Quader anschaulich differenziert und eine visuelle Beziehung zwischen den geometrischen Formen von Rechteck, Quadrat und Kreis herstellt – als wolle das Material bestätigen, daß diese Formen im Grunde naturhaft seien, begründet in der realen Zeit der skulpturalen Naturgeschichte.

Lechners Erfahrungen, die er durch die Experimente mit geborstenen Platten gewonnen hat, haben seinem Werk eine neue Dimension eröffnet. Als ihm 1991 mit der *Großen Zylinderspaltung* über das Materialkonzept Bersten ein bedeutender künstlerischer Werkschritt gelang, war dies für ihn sicher ein wesentlicher Impuls, weitere Prozesse zu erproben, durch die Skulpturen entstehen, die nicht nur im Hinblick auf den festen Stahl materialgerecht sind, sondern auch in bezug auf dessen flüssigen Urzustand, in dem sich seine Kräfte noch frei bewegen. Erreicht er in den geschmiedeten *Stelen* von 1992 Materialformen, die Assoziationen an figurative Körperformen zulassen, gelingt es ihm in *Unterbrechung* von 1993 mit ihrer subtilen, inneren Bewegung, den selbstreferentiellen Charakter der Skulptur zu betonen. *Faltung gegen Widerstand* von 1994 schließlich vereint starke Kontraste von rationalen und emotionalen Energien in einer Werkgestalt, die auf nichts außerhalb ihrer selbst verweist und Denken und Fühlen des Betrachters gleichermaßen aktiviert. Die Tatsache, daß jede dieser Skulpturen durch einen immer wieder neuartigen Werkprozeß entstanden ist, läßt mit Spannung erwarten, wie Lechner seine Arbeit weiterführen wird.

Renate Heidt Heller

Große Zylinderspaltung, 1991/ WV 488
Zwei Ansichten

S. 35–37
Stahlblatt Nr. 1, 1986–92 / WV 500
Zwei Ansichten

Unterbrechung, 1993 / WV 503

Stelen, 1992 / WV 501
Zwei Ansichten

Faltung gegen Widerstand, 1994 / WV 528

Ausstellungsgesellschaft für zeitgenössische Kunst und Bauhütte Zeche Zollverein Essen

Bis an die Grenzen des technisch Machbaren und des Menschenmöglichen zu gehen, hat Alf Lechner immer wieder herausgefordert – niemals allerdings so vehement wie im Werk der letzten Jahre. Dieses fast prometheische Wagnis geht er zugleich kontrolliert und spielerisch an; niemals spürt man die Mühe einer Unterwerfung unter technische Zwänge. Der geistige, technische, auch finanzielle Einsatz ist enorm. Aber das Risiko bleibt kalkulierbar, weil Lechner Werke und Werkgruppen konsequent aus seinen Vorerfahrungen – zeichnerisch über Maßsysteme und plastisch über handhabbare Stahlmodelle – entwickelt.

Eine der größten Herausforderungen dieser Art bildet die jüngste (und wohl noch nicht beendete) Werkgruppe *Konstellation D 1 – D 8*, die 1994 begonnen wurde (Tafel S. 46–63). Sie baut u. a. auf den Erfahrungen der kleinformatigen Werkgruppen der *Rechteck-Konstellation I – VIII* (WV 422, 433 – 439) und der *Quadrat-Konstellation I – X* (WV 445 – 453), beide von 1989, auf.

Die ein- bis dreiteiligen, zumeist aber zweiteiligen Skulpturen der neuesten *Konstellationen* wurden in der Stahlhütte mit Schneidbrennern aus gewalzten Stahlblöcken geschnitten, die ein Ausgangsgewicht von bis zu 40 Tonnen besitzen. Für die Präsentation dieser Werkgruppe, deren einzelne plastische Elemente noch Gewichte von bis zu 18 Tonnen erreichen, mußte eine große, ebenerdige Halle gefunden werden, was durch die erstmalige Zusammenarbeit zwischen der Ausstellungsgesellschaft für zeitgenössische Kunst in Essen und der Bauhütte Zeche Zollverein Schacht XII, einer landeseigenen und einer privaten Gesellschaft, gelang. Hier, vor und in der ehemaligen von Fritz Schupp und Martin Kremmer um 1930 errichteten Werkstatthalle, können die ausgestellten fünf Großskulpturen dieser Werkgruppe ihre geballte Kraft im Raum entfalten.

Alle Maße, Proportionen und Formen dieser Werkgruppe sind aus einem einzigen geometrischen Plansystem entwickelt. Einem musikalischen Kompositionsprinzip vergleichbar, definiert es nicht mehr und nicht weniger als eine tonale Struktur, auf der die Komposition aufbaut. Das Ausgangsmaß ist die durchschnittliche Körpergröße eines Menschen, 170 cm. Zeichnerisch, in maßstäblicher Verkleinerung, überträgt der Künstler dieses körperbezogene Grundmaß auf die Kantenlängen eines Quadrates, aus dessen Diagonale von 240 cm er die Längsseite eines Rechteckes ableitet. Aus der addierten Grundfläche von Quadrat und Rechteck ergibt sich eine geometrische Basisstruktur, aus der Lechner durch Teilungen und Zirkelschläge sowohl die einzelnen skulpturalen Formen als auch ihre konstanten Stärken von 50 cm ableitet.

Auf die formale Erfindung der einzelnen plastischen Körper, die auf dem Papier vollzogen wird, folgt in einem zweiten Schritt das skulpturale Experiment mit den massiven Stahlmodellen. Hier setzt der entscheidende plastische Prozeß ein. Die Positionierung der Einzelform, vor allem aber die Zuordnung des dualistischen Formpaares wird so lange variiert und modifiziert, bis sich zwingende Konstellationen ergeben. Aus äußerster formaler Reduktion, aus einem einheitlichen und gesetzmäßigen Formenkanon, der nur aus Quadrat, Rechteck und Kreis gebildet und auf eine gleichbleibende plastische Stärke gebracht ist, holt der Künstler ein Maximum an morphologischer Vielfalt, konstellatorischer Möglichkeit und plastischer Energie heraus. Seine prozessualen Mittel sind – in unterschiedlichen Kombinationen – Legen und Aufrichten, Kanten und Kippen, Neigen und Drehen, Schichten und Verschieben, Berühren und Distanzieren. Alf Lechner reizt die Spannungsverhältnisse durch Gestaltgebung und räumliche Plazierung in seinen *Konstellationen* bis zum Äußersten aus und hält sie doch kompositionell im Gleichgewicht.

Erst durch die Realisierung freilich, in der monumentalen Dimension und durch das (nicht zuletzt aus statischen Gründen notwendige) Gewicht bewährt sich das plastische Konzept. Es ist immer von neuem faszinierend, wie sicher und souverän sich Lechner mit den tonnenschweren Gewichten wie auf dem Hochseil verhält. Erst jetzt zeigt sich, wird sinnlich erfahrbar, wie körperbezogener, menschlicher Maßstab und übermenschliche Kräfte zusammenwirken, in Balance gebracht werden. Was mit der Hand in spielerischer Konzentration am Modell austariert wurde, erscheint in der Realisierung als lapidare und komplexe Harmonie, als machtvolle Demonstration und zugleich als Überwindung physischer Schwere. Die dualistischen Elemente der *Konstellationen* reiben sich gegenseitig, entfalten Widerstandsenergien und Bewegungspotentiale – und sind doch in ein labiles Gleichgewicht gebracht. Alles Rationale und bis auf den Punkt Meßbare und logisch Nachvollziehbare erfährt in diesen Großskulpturen eine existentielle, durchaus poetische, weil auf das »Grundsätzliche, das Ganze, das Wesentliche« (Lechner) gerichtete Dimension.

Christoph Brockhaus

Konstellation D1, 1993 / WV 547
Zwei Ansichten

Konstellation D2, 1994 / WV 548
Zwei Ansichten

Konstellation D3, 1994 / WV 549
Zwei Ansichten

Konstellation D4, 1994 / WV 550

S. 54/55, 57
Konstellation D5, 1994 / WV 551
Zwei Ansichten

Konstellation D6, 1995 / WV 552
Drei Ansichten

Konstellation D7, 1995 / WV 553

Konstellation D8, 1995 / WV 554
Konstruktionszeichnung

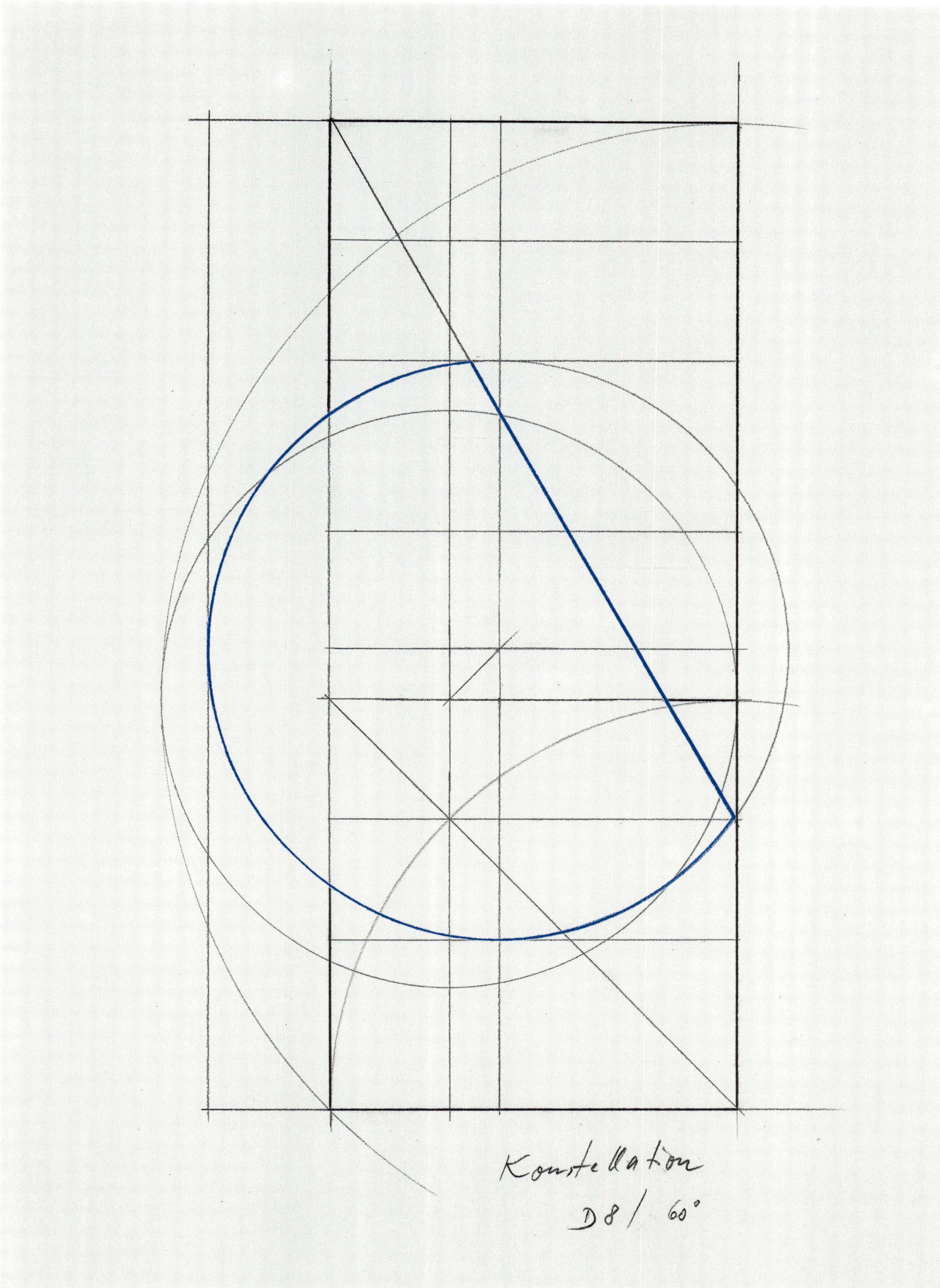
Konstellation
D8 / 60°

Museum Schloß Morsbroich Leverkusen

Wie ihr Titel bereits anzeigt, bestehen die 1994 entstandenen *Sieben Würfel im Raum* aus sieben geschmiedeten Stahlwürfeln mit der gleichen Kantenlänge von ca. 43 cm; die Werkgruppe hat einen Zusatztitel, der auf die Plazierung der Kuben im Verhältnis zueinander und im Raum hinweist: *Zufallsanordnung* (Tafel S. 72–79). Ungeachtet ihrer nahezu identischen Maße hat Lechner diese Würfel durch verschiedenartige Eingriffe in ihre Form-Substanz jeweils individualisiert. Ein Block etwa ist in der Horizontale durchbohrt, ein anderer von der Mittelachse bis zur Grundlinie durchkerbt, bei einem dritten wiederum hat Lechner die Grundfläche zur Hälfte um ein Geringes abgeschrägt, so daß der Kubus sich entsprechend zur Seite neigt. Überdies weist die Arbeit auf der Frontseite, mittig gesetzt, eine halbzylinderförmige Vertiefung auf. Im vierten Fall korrespondiert die horizontale Durchbohrung mit einer anderen, vertikal gerichteten, die indes nicht durchgeht, sondern in der Blockmitte endet. Ein weiteres Beispiel: Da zeigt sich in der Ansichtsfläche eine quadratisch gefaßte Eintiefung, deren Rückwand nochmals um je zwei kleinere quadratische Flächen in den Hintergrund versetzt ist. Gemäß der Prozessualität des Schmiedevorgangs weist die Arbeit oben und an den beiden Seiten eine sanft wellige Erhöhung in der Ansichtsebene auf, die aber alsbald in der zugehörigen Fläche verebbt.

Wie immer die Individualisierung im einzelnen geschieht, sie bewirkt, daß jeder dieser sieben Würfel für den Betrachter als eine autonome Plastik erscheint. Immerhin kann sich dieses Verständnis auf die Tatsache stützen, daß Lechner in seinem Werk den Kubus immer wieder zum Thema einer einzelnen Skulptur gemacht hat, wobei die Art und Weise seiner verschiedenartigen formalen Akzentuierung durchaus parallel zu den Formmethoden zu sehen ist, denen sich die Individualität – und in diesem Sinne die Autonomie – der sieben Würfel hier verdankt. Es sei verwiesen auf eine Skulptur wie *Wendung* von 1972/90 (WV 124 a), die Arbeit *IX/1* von 1981 (WV 233) aus der Werkgruppe der *Konjunktionen* oder *WS/12* von 1983, ein massiver Stahlwürfel, geschmiedet und gesägt auch er.

Noch ein weiterer Gesichtspunkt läßt die Würfel als je eigenständige und also für sich bestehende Skulpturen begründet erscheinen: Neben dem Kubus begegnen wir in Lechners Werk auch noch anderen einfachen geometrischen Formen und Formkonstellationen, etwa Kugel oder Kugelsegmenten (WV 393, 394/377, 378). Das Formenrepertoire Lechners ist dasjenige einfacher und rationaler Formen und Formkonstellationen. Es handelt sich um konstituierte Formen und mithin um Denk-Formen; in den Worten von Dieter Honisch: »Seine Skulpturen sind materialisierte Denkprozesse.«

Damit stoßen wir auf ein Indiz dafür, daß die Versammlung der sieben Würfel zu einer Arbeit keineswegs zufällig ist, kein Resultat einer lediglich subjektiven Begründung, deren Nachvollzug dem Betrachter, wenn überhaupt, nur schwer möglich ist. Angesichts der offenbaren skulpturalen Rationalität Lechners müssen wir schlicht vom Gegenteil ausgehen, daß nämlich die Formel ›7 = 1‹ sehr wohl und präzise durchdacht ist. Folglich muß darum eine skulpturale Logik manifest sein, deren Rahmen entschieden über die autonome und derart in sich schlüssige Fassung des einzelnen Würfels hinausreicht und sich folglich nur auf das künstlerische Denken bzw. das Werk Lechners insgesamt beziehen kann. Das aber wiederum würde bedeuten, daß Lechner sein bislang geschaffenes Werk gewissermaßen als ein Integral versteht anstatt als eine Folge oder Addition von Einzelwerken. Stünde indes ein solches Verständnis des erwähnten Rahmens und der daraus abgeleiteten Folgerungen nicht in Widerspruch zu der unbezweifelbaren Tatsache zahlloser autonomer und also in sich schlüssiger ›Einzel‹-Arbeiten? Dies wäre nur dann der Fall, wenn man den Begriff des skulpturalen Denkens (und damit des ›Rahmens‹) stets nur auf die Manifestation eines einzelnen Werkes und seiner formalen bzw. thematischen Besonderheit einengen würde, statt es als einen höchst vielschichtigen Diskurs zu begreifen. Erst in der Perspektive dieses Verständnisses erscheint die Arbeit *Sieben Würfel im Raum* als eine anschauliche Grundformel von Lechners skulpturalem Denken. Versuchen wir also, diese Ansicht in bezug auf die Skulptur zu hinterfragen.

Oft ist mit Blick auf Lechners Arbeiten und auch in Gesprächen mit dem Künstler selbst die Rede von der Bedeutung, welche die materialen Eigenschaften von Stahl sowie die Bedingungen des Schmiedens für die – hier ist das Wort angebracht – Formfindung der einzelnen Plastik haben. Unter welchen Voraussetzungen etwa läßt sich eine Stahlplatte brechen? Wie sieht dann eine solche Bruchkante aus? Inwieweit unterliegt die ursprüngliche Formabsicht materialbedingter Zufälligkeit? Gewiß, solche Fragen mögen marginal erscheinen, weiß doch Lechner dank seiner künstlerischen und technischen Erfahrung derartige Bedingtheiten von vornherein in die Formabsicht zu integrieren. Doch ändert das nichts an der – künstlerischen – Notwendigkeit, die erwähnten Fragen zu erörtern. Dies zumal, da die Spuren des Arbeitsprozesses stets ansichtig sind. Dennoch wäre es zu kurz gefaßt, die Verhaltensweise eines bestimmten Materials, von Stahl hier, zum eigentlichen und ausschließlichen ›Inhalt‹ von Lechners Arbeiten zu bestimmen. Dies träfe allein bei einem primär formal ausgerichteten Verständnis zu. So begründet dieses auch ist, seine Perspektive erfaßt nur eine Ebene des Werkes. Weiter reicht die Deutung, wenn wir die Verhaltensweise des Materials als der Form-Absicht integral werten, weil nämlich derart der Formcharakter – der hier auch ein geschichtlicher ist – deutlicher hervortritt, ohne daß darauf der formale Aspekt in den Hintergrund geriete, im Gegenteil: er gerät in einen größeren und komplexen Zusammenhang.

Die Feststellung, daß der Kubus oder Würfel eine sehr alte Form ist, kommt zwar einer Binsenweisheit gleich, ist aber für den Gang unserer Überlegungen von Bedeutung. Theoretisch gesehen besteht der Kubus aus einer Einheit von Horizontaler und Vertikaler; er vereinigt derart nach alter Auffassung die Raum- mit der Zeitachse. Der Raum ist danach eine empirische geographische Gegebenheit, wobei die Zeit – vermittels der vertikalen Achse angegeben – gewissermaßen als eine mythisch fortdauernde gedacht wird; metaphorisch verbindet sie das Gegenwärtige mit dem Künftigen, das gegebene Hier mit dem vorgestellten Dort. Der Kubus ist gleichbedeutend mit der Unverrückbarkeit des Ortes wie mit der Fortdauer von Zeit: Der Kubus ist in diesem Sinne ein Ort des Geheimnisses, nicht dessen Aufhellung.

Damit sollen nun die *Sieben Würfel* nicht unter das Raster einer mythischen Weltdeutung gerückt werden, doch ebenso wenig können wir bei ihrer Diskussion diese alte Bedeutung einfach ignorieren. Daß es in dieser Arbeit nicht allein um formale Varianten des Kubus als Kubus geht, dürften die jeweiligen Individualisierungen hinreichend deutlich machen, bewirken sie doch, daß wir in jedem Falle den Kubus zwar als Form, zugleich aber auch als ein – ungewisses – Etwas sehen. Was dieses Etwas sein könnte? Bei der Suche nach einer Antwort erweist sich eine Bemerkung Lechners als hilfreich: »Stabilität ist ein unsensibler Zustand.« Zwar bezieht sich diese Feststellung auf seinen Umgang mit dem Material, sie läßt sich gleichwohl aber auch prinzipiell verstehen. Im Blick auf die augenscheinliche Massivität der Würfel scheint Stabilität einen unsensiblen Zustand zu charakterisieren. Ist doch gerade der Kubus das Inbild für Unverrückbarkeit und also Dauer. Nur sind die Kuben in diesem Bedeutungszusammenhang stets – auf welche Weise auch immer – individualisiert und damit zugleich in einer konkreten Bedeutung und Funktion ersichtlich. Allerdings kommt ihnen bei dieser Arbeit keinerlei konkrete Bedeutung und Funktion mehr zu. Und doch weckt sie allgemeine Erinnerungen. Mit anderen Worten: Wenn wir sagen, der ›Kubus als Etwas‹, so konnte in früheren Zeiten dieses Etwas aus dem Wissen um die genaue Bedeutung und Funktion einer kubischen Form definiert werden. Ein solches Wissen ist heute indes ins Geschichtliche entrückt, an seine Stelle tritt die erinnerungsgestützte Assoziation, wie sie von der Form ausgelöst und getragen wird.

Unmittelbar thematisiert und präsent sind bei den *Sieben Würfeln* etwa das Verhältnis von Massivität und Energie, von Körper und Raum, doch eben auch die Erinnerung an vergangene Bedeutung. Nur fragmentarisch noch stellt sie sich ein; der Titelzusatz *Zufallsanordnung* darf als ein Hinweis darauf verstanden werden.

Rolf Wedewer

Segmente, 1994 / WV 532
Zwei Ansichten

Prägung, 1992 / WV 493

Teilung, 1994 / WV 533

Spaltung, 1992/WV 502
Zwei Ansichten

S. 72/73, 74–79
Sieben Würfel im Raum, 1994 / WV 526
(6 abgebildet)

Skulpturenmuseum Glaskasten Marl

Das Skulpturenmuseum Glaskasten Marl zeigt fünf Plastiken, deren inhaltliche Gemeinsamkeit in der Heterogenität der sie zerteilenden Linien besteht. So wie Lechners Schnitte bei den Plastiken der frühen 80er Jahre gemeinsame geometrische Grundformen in unterschiedliche Teilformen zerlegten, so stellen die hier gezeigten Arbeiten Aspekte einer einheitlichen Idee vom Wesen des Stahls durch unterschiedliche technische Teilbarkeitsmöglichkeiten dar. Diese verschiedenen Arten, Stahl zu zerteilen, schwanken zwischen rationalen und emotionalen, zwischen logischen und spontanen Handlungsabläufen. Entscheidend für die unterschiedlichen Vorgehensweisen ist die differenzierte Behandlung des Metalls in seiner ureigenen Wesenheit. Entweder teilt ein sauberer Schnitt oder ein durch massive Krafteinwirkung entstehender kontrollierter, letztlich jedoch unkalkulierbarer Bruch die Grundform. Lechners Satz »Von Anfang an waren meine Arbeiten Ergebnisse von Arbeitsprozessen« ist auch hier stimmig. Der technisch unterschiedliche Prozeß des Zerteilens spezifischer Stahlformen wird zum Ausgangspunkt seiner künstlerischen Arbeit.

Einschneiden und Umbiegen, so wie wir es in der Plastik *Wendung* von 1992 erkennen, bilden bei diesen unterschiedlichen Eingriffen einen ästhetisch eigenständigen Kompromiß: Der noch glühende, zähe Stahl wird an einer bestimmten Stelle zunächst eingeschnitten, um dann mit großer physischer Kraft um 180 Grad umgebogen, gewendet zu werden, ohne daß hierdurch Risse oder gar Brüche eintreten (Tafel S. 90). Die durch den Biegeprozeß entstandenen Wülste rufen den unmittelbaren Eindruck der Verformbarkeit des Materials hervor. Es ist nicht zuletzt diese Materialgeschmeidigkeit, die zusammen mit dessen großer Festigkeit und Härte dem Stahl den eigentlichen technischen Wert verliehen hat. Der organisch-weiche Eindruck der Wülste steht sowohl inhaltlich wie formal gegen die konstruktive und lineare Exaktheit des teilenden Schnitts.

Es ist also der technische Arbeitsprozeß der Teilung einer gegebenen Form, der durch unterschiedliche Behandlung des Materials dem Betrachter erlaubt, dem inneren Wesen des Materials näherzukommen: Schneiden, Biegen und Brechen sind Vorgänge, die das Material selbst in seinem inneren Verhalten charakterisieren und optisch erlebbar machen.

Im Mittelpunkt der Marler Präsentation steht die über 58 m lange *Zeitteilung* von 1990, die bisher erst einmal und dort nicht in ihrer ganzen Länge gezeigt werden konnte (Tafel S. 82/83, 85). Sie setzt sich aus 16 annähernd gleich langen Vierkantprofilen zusammen (ca. 22 x 22 x 220 cm), die in glühendem Zustand als durchgehendes, ungeteiltes Band den Stahlofen verließen, um dann sofort in einem strengen Rhythmus durchschnitten (abgeschrotet) zu werden und ihre heutige Länge und Segmentierung erhalten haben: eine Linie, die zur Darstellung des Zeittaktes durch den gleichbleibenden Rhythmus des Abschrotens wurde. »Die Unendlichkeit wurde ins Maß gebracht«, so schreibt Lechner zu dieser Arbeit, und er fährt fort: »Zeitteilung bestimmt die Skulptur, Zeitteilung bestimmt das Leben.« So erfährt der Betrachter Ursprung und Zergliederung dieser Plastik als Spiegelbilder seiner eigenen Zeitlichkeit. Es sind im wesentlichen existentielle Grunderfahrungen, die durch diese raumgreifende, aus dem Innersten des Ausstellungsraumes herausführende Plastik erfahren werden. Mit dem Wesen des Herstellungsprozesses des Stahls und seiner spezifischen Behandlung erkennen wir Wesentliches über uns selbst.

Nach der Zerteilung wurde die Oberfläche der Stahlprofile in einem weiteren Bearbeitungsschritt durch die Hitze eines Flammenstrahls so behandelt, daß längslaufende, herausgeschmolzene Rillen entstanden, die in ihrem Inneren von eigenartigen skripturalen Zeichen erfüllt sind. Der von der Hitze erzeugte ursprüngliche Flüssigkeitszustand des Stahls wird offenbar. Diese Oberflächenstruktur – an Kanneluren griechischer Säulen erinnernd – läßt die gesamte Arbeit Licht reflektieren, eine Wirkung, die sie als Erzeugnis eines technischen Produktionsprozesses auch in den Bereich kultureller Artefakte verweist. Die Kraft und Rhythmik des strukturierenden Flammenschwerts ließen in den Längsrillen nicht entzifferbare Zeichen und Symbole entstehen. Beschwört die rhythmische und strenge Abfolge der Trennungslinien Zeitteilung, so die lineare und skripturale Oberflächenstruktur der Rinnen die Erkenntnis der Gebundenheit des Stahls an die Entwicklung der menschlichen Kultur von der Eisenzeit bis heute. Die Plastik führt aus dem Ausstellungsraum bis zur Glaswand, durchdringt diese Schranke zwischen Innen und Außen und setzt die Linie, rechtwinklig abknickend, im Skulpturenhof fort. Auf diese Weise spiegelt sie Zeitbedingtheit durch ihre Raumdurchdringung wider und symbolisiert in ihrer Präsenz die Beeinflussung von Materie, Raum und Zeit durch die technische wie kulturelle Entwicklung der Menschheit. Sie wird hierdurch zu einem signifikanten Gesamterlebnis.

Um die Arbeit *Zeitteilung* gruppieren sich die vier anderen Plastiken im Marler Museum. Vor dem Haupteingang liegt die große Arbeit *Halbzylinder über den Stab gebrochen* von 1991 (Tafel S. 88/89). Diese Arbeit lebt von der optischen Gegensätzlichkeit fortschreitender Komplexität der Formen. Am Boden liegt ein technoider Vierkantstab, streng und konstruktiv in seiner Form. Auf ihm lastet die an einen längsgeteilten Baumstamm erinnernde voluminöse Form des Halbzylinders, rund und organisch wirkend, die genau über dem Auflagepunkt auf dem Vierkantstab in sich gebrochen ist. Der Bruch zeigt in der Unregelmäßigkeit seiner Oberfläche das Untechnoide der spontan freigesetzten Entstehungskräfte. Er läßt Kräfte erahnen, die sich dem unmittelbaren Einfluß und dem Kalkül entziehen: Die Klarheit des Vierkantstabes steht dem Chaos der Formen an der Bruchstelle diametral entgegen. Dabei »geht es nicht um das Wie des Gemachtseins..., vielmehr darum, es so erscheinen zu lassen, als sei es von selbst entstanden« (Bernhard Holeczek).

Im Ausstellungsraum setzen sich die Gegensätze der unterschiedlichen Teilungsprozesse in den weiteren Plastiken klar voneinander ab. *Würfel im Würfel* von 1991 ist geprägt durch die klaren Schnitte, die aus einem Würfel ein Achtelsegment herausgeschnitten haben (Tafel S. 91). Die präzise gesetzten Schnitte wirken so klar geplant, so messerscharf, daß sie kaum als Zerstörung des Materials, sondern eher als dessen Ergänzung wirken. Die Störung der geometrischen Grundform ist integrativ und in keiner Weise auflösend; sie macht uns die Form und den Stahlblock in seiner Masse und Materialität erst voll bewußt.

Die schon erwähnte Arbeit *Wendung* von 1992 knüpft hier an, ist aber komplexer, in sich zwiespältiger und damit spannungsreicher (Tafel S. 90). Die drei noch miteinander verbundenen Würfel wurden in glühendem Zustand durch einen Schnitt in die zusammenhängende Grundform voneinander getrennt, um dann durch Umbiegen so gewendet zu werden, daß die heutige pyramidale Form entstand. Die durch die Drehung hervorquellenden Wülste und die flächigen Schnittebenen lassen den Unterschied von unmittelbarer Krafteinwirkung und technischem Kalkül sinnfällig werden. Der Stahl wird durch die verschiedenen Trennungstechniken in seinem innersten Wesen sowohl als elastisch und formbar beschrieben, aber auch als kristallin, massiv und hart.

Die letzte der in Marl gezeigten Plastiken, *Gegenüberstellung* von 1993, steht antipodisch zu *Würfel im Würfel* (Tafel S. 87). Die ehemals rechteckige Stahlplatte ist durch Krafteinwirkung in zwei Teile gebrochen. Auf ihren ebenen und geradflächigen Grundlinien – der jeweils äußere Teil der ursprünglich zusammengehörigen rechteckigen Form – stehen sie nebeneinander, die Bruchstellen in unmittelbarem optischen Vergleich. So gelingt Lechner in der einfachen Gegenüberstellung der Bruchlinien eine überzeugende Darstellung von Rationalität und Expressivität, von Eindeutigkeit und Vielschichtigkeit, von Ordnung und Chaos. Die gegeneinandergesetzten Bruchstellen sind der optische Gegensatz zu den rechtwinkligen und geradlinigen Teilen der ehemaligen Grundform. Die Brüche selbst, in Berg und Tal an Landschaftsstrukturen erinnernd, sind so gegeneinandergesetzt, daß sie sich unschwer optisch wieder zu ihrer alten geometrischstrengen Ganzheit zusammenfinden. In sich aber bilden sie durch die Unregelmäßigkeit der Bruchflächen zwei gänzlich verschiedene Individualitäten, in der Komplexität ihrer Strukturen nicht wiederholbar, einmalig. Der präzise Schnitt – in der Plastik *Würfel im Würfel* überzeugend genutzt – baut durch seine Eindeutigkeit und Linearität Ordnung auf und fordert vom Betrachter den rationalen Nachvollzug. Die Bruchkante hingegen gebiert in ihrer ausdrucksintensiven Vielfältigkeit Unordnung, durchbricht die Einheitlichkeit jeder Struktur und wird zum Auslöser emotionaler und spontaner Assoziationsprozesse.

So schwankt das Ensemble der in Marl gezeigten Arbeiten in seiner künstlerischen Ausdruckskraft zwischen Rationalität und Emotion, zwischen Kalkül und Spontaneität als trennenden Kräften und zwischen Konstruktion und Dekonstruktion in ihrem Aufbau. Lechners »materialisierte Denkprozesse« (Honisch) bilden in diesen späten Arbeiten Pole menschlichen Handelns zwischen konstruktiver Ratio und dekonstruktiver Plötzlichkeit, materialisiert in dem Material, das durch seine Elastizität, Formbarkeit, Härte und schwere Zerstörbarkeit zum Werkstoff dieses Jahrhunderts wurde – einem Jahrhundert, das nicht zuletzt durch dieses Material und seine Eigenschaften gigantische Bauwerke errichtete, aber auch in unvorstellbaren Kriegen Vernichtung und Tod brachte: Ordnung und Chaos, Konstruktion und Dekonstruktion liegen im Stahl unmittelbar nebeneinander. Der Mensch befreite sie – zu seinem Nutzen und zu seinem Schaden – aus der materiellen Gebundenheit. Lechners Arbeitseingriffe verweisen von dem neutralen Wesen des Stahls auf die die menschliche Kultur beeinflussenden Wirkungen. Seine anscheinend so einfachen Prozesse sind mehr: Es sind Deutungen menschlicher Lebensausfüllung.

Uwe Rüth

S. 82/83, 85
Zeitteilung, 1990 / WV 472
Drei Ansichten

Gegenüberstellung, 1993/WV 524

S. 88/89
Halbzylinder über den Stab gebrochen, 1991/WV 487

Wendung, 1992/WV 492

Würfel im Würfel, 1991/WV 479

Von der Heydt-Museum Wuppertal

Alf Lechner stellt im Von der Heydt-Museum Wuppertal eines seiner nach 1990 entstandenen Hauptwerke aus: *Über den Stab gebrochen* aus dem Jahr 1991 (Tafel S. 94/95). An zentraler Stelle im Forum, dem großen Eingangsraum im Erdgeschoß, wird das siebenteilige Werk ausgelegt. Ein Vierkant-Stab von 7,80 m Länge liegt unter zwei quer gebrochenen Platten von jeweils 3,90 m Länge. Der Stab ist die Stabilität, das Rückgrat, der Widerstand, über den zwei 17 cm starke Stahlplatten gebrochen wurden. Jede Platte ist durch zwei Bruchstellen in drei Teile geteilt. Auf diese Weise ist das Bild der Bruchstellen einmal aufgerissen, wie offene Wunden, und einmal dem Auge entzogen, nach unten geöffnet. Die Materie hat sich selbst Ausdruck verschafft, das Innere des Stahls wird deutlich.

Ein zweites Objekt ist *Flammenbewegung* aus dem Jahr 1993 (Tafel S. 102/103). Als wehte ein Windhauch über einen Vorhangstoff, so hat die Flamme auf dem Stahl ihre Spuren hinterlassen. Das flüchtige Feuer drückt dem denkbar härtesten Material, dem Stahl, seine hingewehte Spur auf.

Zwei geschmiedete Arbeiten von 1993, *Würfelveränderung I* und *Würfelveränderung II,* liegen im ersten Obergeschoß (Tafel S. 100, 101). Den massiv geschmiedeten Stahlwürfeln wurde in glühendem Zustand Substanz aus dem Inneren entzogen, anschließend wurden sie weitergeschmiedet, so daß Quetschfalten und Ausbuchtungen wie bei Kuchenteig entstanden. Es wird deutlich: Stahl ist ein von der Temperatur abhängiger Zustand – hart-weich-flüssig.

Lechner untersucht die Materialeigenschaften von Stahl mit den unterschiedlichsten Resultaten immer wieder neu: Gestauchtes, Geflämmtes, Gebrochenes mit jeweils unterschiedlichen, dennoch immer materialgerechten Ausdrucksformen, einmal liegend, pathetisch, einmal aufrecht und scheinbar federleicht, einmal kubisch und teigig.

Reine Proportionsschnitte in Würfeln, sei es über die Diagonale, sei es über waagerechte und senkrechte Linien, bilden eine weitere Werkgruppe. Sie führen direkt zu den 1994 in der Villa Massimo in Rom entstandenen Zeichnungen, die eine Besonderheit der Wuppertaler Ausstellung darstellen (Tafel S. 97–99).

Was bei den Stahlarbeiten die Darstellung der Materialeigenschaft war, das ist bei diesen Graphitzeichnungen die emotional aufgetragene Schwärzung der Flächen, die ihrerseits aus rational berechneten Formen bestehen. Die Verhältnisse der Flächen zueinander werden in jeder Zeichnung neu formuliert und sind von aufregender Spannung. Es werden jeweils zwei hochrechteckige Blätter zusammengefügt zu einem querrechteckigen Doppelblatt mit den Maßen 100 x 140 cm. Fünfzehn unterschiedliche Arbeiten sind davon im ganzen als Serie entstanden. Verhältnisse von ausgefüllten zu leeren Flächen sind aufeinander bezogen. Auch hier wird auf das Material Papier als Medium der Proportion eingegangen.

Sabine Fehlemann

S. 94/95
Über den Stab gebrochen, 1991/WV 490

Klavierdeckelzeichnung, 1994
(aus einer Reihe von 15 Blättern)

Klavierdeckelzeichnung, 1994
(aus einer Reihe von 15 Blättern)

Klavierdeckelzeichnung, 1994
(aus einer Reihe von 15 Blättern)

Würfelveränderung I, 1993/WV 506

S. 102/103
Flammenbewegung, 1993/WV 514

Würfelveränderung II, 1993/WV 507

Ausgewählte Skulpturen 1990–1995

Sektor, 1990 / WV 458

Fragment Konstruktion, 1990/WV 464
Zwei Ansichten

Spaltung, 1991/WV 475

Würfelkanten-Subtraktion, 1991/WV 477

Verbindung durch Kanten-Subtraktion, 1991/WV 478

S. 114/115
Ring mit Stab, 1991/WV 480

Kreisrhythmen, 1991/WV 481
Zwei Ansichten

Kreisauflösung, 1991/WV 483

Quadratauflösung, 1991/WV 484

Gewichtsverlagerung, 1991/WV 486
Zwei Ansichten

S. 122/123
Versinkende Gruppe, 1992 / WV 499

Konkav-Konvex, 1993 / WV 509

Große Quer-Teilung, 1993 / WV 510
Zwei Ansichten

Verzahnung, 1993 / WV 513

Stauchung, 1993 / WV 511

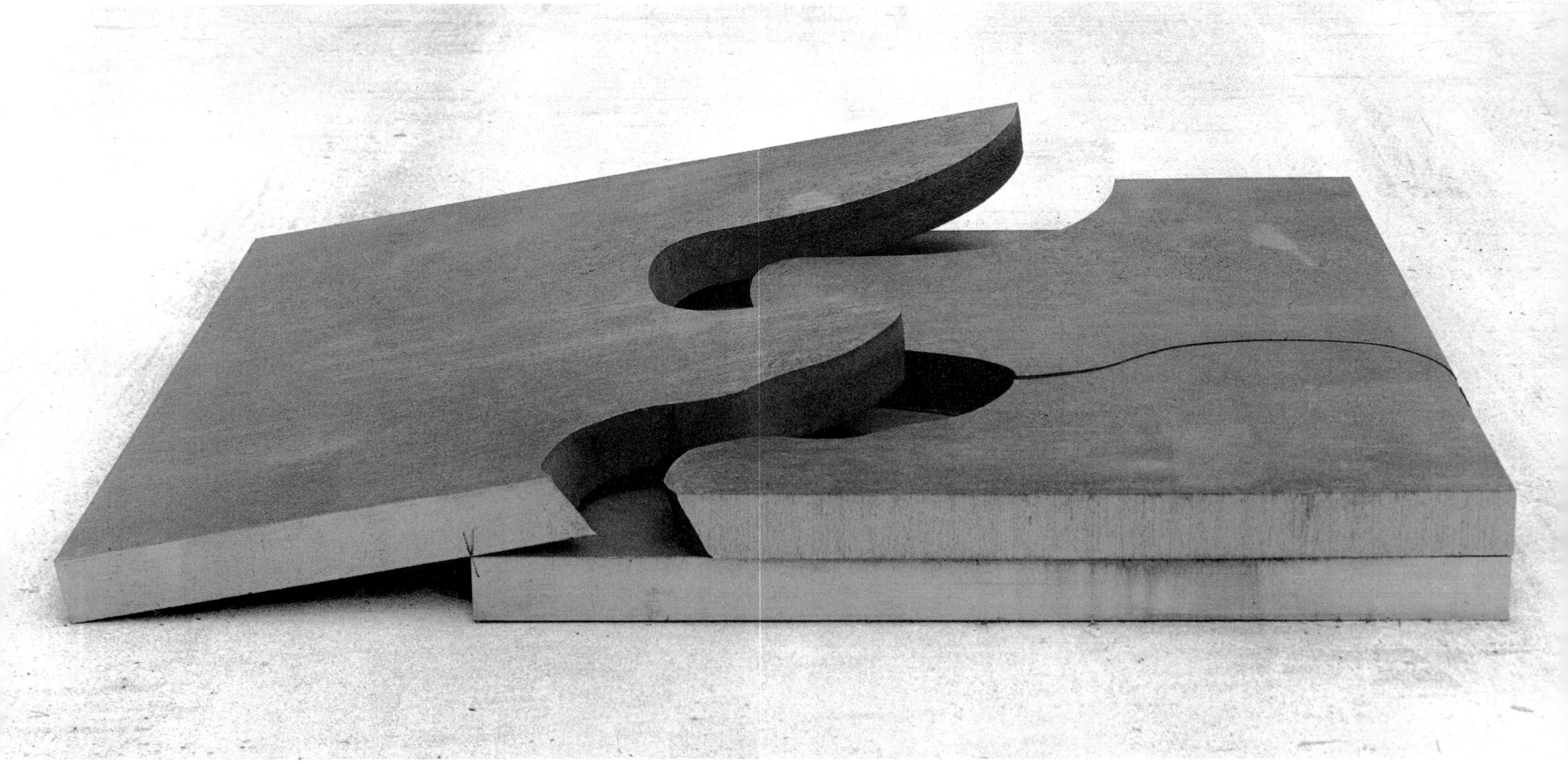

Eckstück, 1993/WV 515

Kugelsektor, 1993/WV 516

Große Längsteilung, 1993/WV 519

Kugelteilung, 1993/WV 518

Sektor, Stele in Rheine, 1993/WV 520

Über Kreuz gebrochen, 1993/WV 521
Zwei Ansichten

Stauchung, 1993/WV 522
Zwei Ansichten

Quadraträume, 1994/WV 527

Doppelung, 1993/WV 523

Fünfundsechzigtausend, 1994 / WV 525

Zylinderspaltung, 1994 / WV 531
Zwei Ansichten

Würfel I, Kanten-Subtraktion, 1994 / WV 535

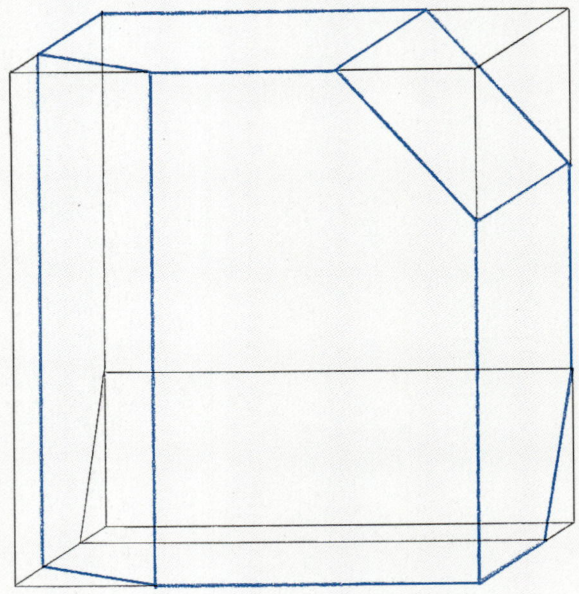

Würfel V, 1994 / WV 539

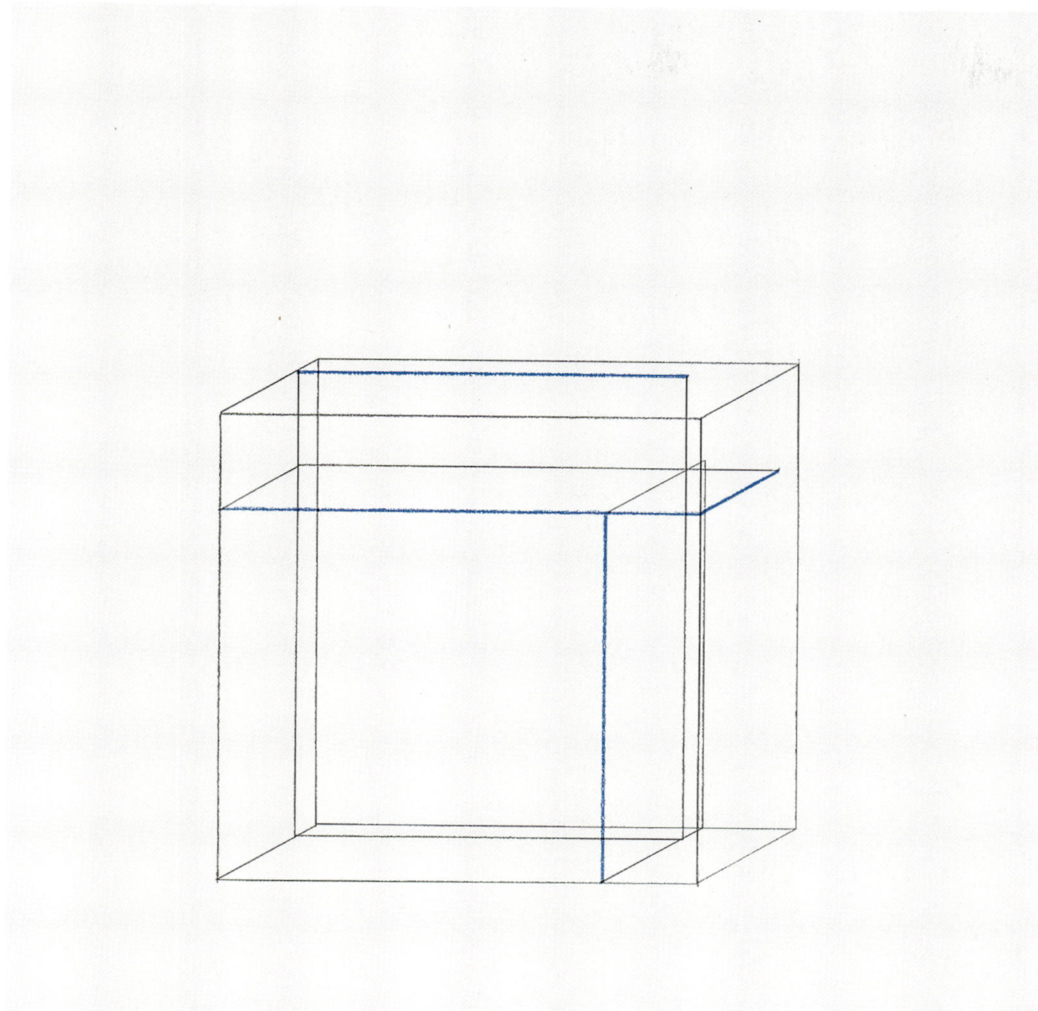

Würfel mit je einem diagonalen Einschnitt
in drei Dimensionen, 1994/WV 540

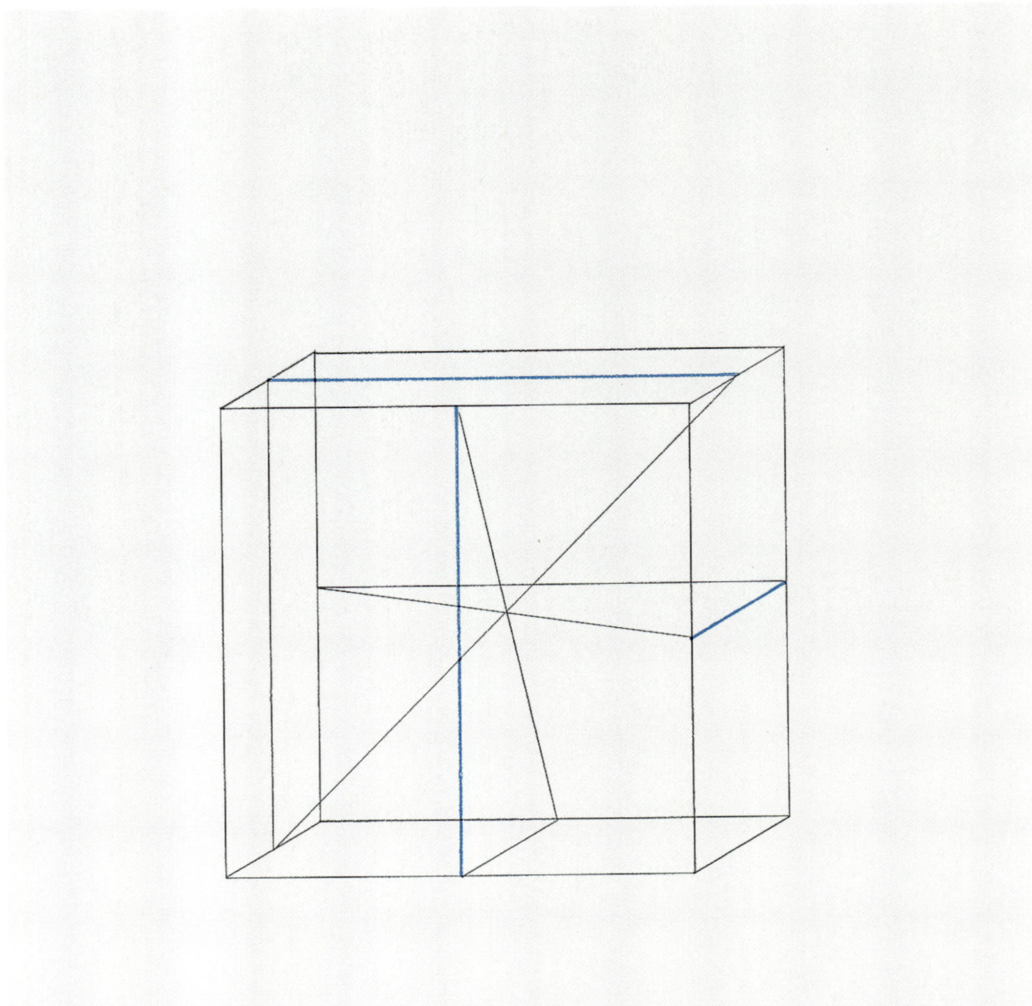

Würfel mit einem vertikalen, diagonalen Einschnitt
und einem horizontalen, parallelen Einschnitt, 1994/WV 542

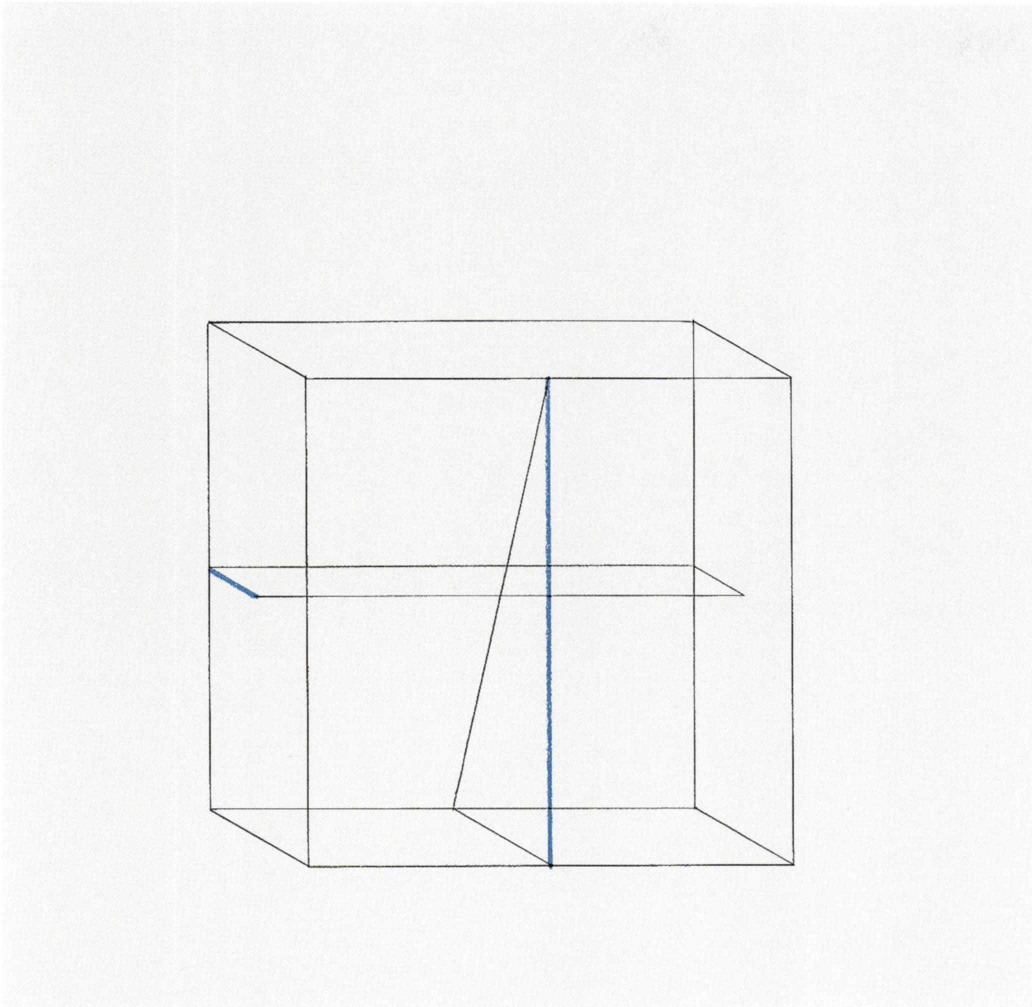

Konstellation Große Bleiche, 1995 / WV 555

Schwebeplatte, 1995/WV 556
Zwei Ansichten

Substitution, 1994 / WV 546

Einzelausstellungen

1968
Galerie Heseler, München
11. November – 14. Dezember

1969
Galerie Hella Nebelung, Düsseldorf
April/Mai

Galerie für moderne Kunst im Kunsthaus Lempertz, Köln
13. – 31. Oktober

1970
Galerie Defet, Nürnberg
19. September – 29. Oktober

1971
Galerie Rothe, Heidelberg
(mit Alf Schuler)
15. Januar – 21. Februar

Kunstverein Mannheim
(mit Werner Knaupp)
30. April – 31. Mai

Galerie Stangl, München
25. Mai – 9. Juli

Galerie m, Bochum
3. September – 5. Oktober

1973
Badischer Kunstverein, Karlsruhe
22. Januar – 28. Februar

Staatsgalerie moderner Kunst, München, und Galerie Stangl vor der Alten Pinakothek und in der Galerie, Brienner Straße 11
13. September – Ende Oktober

1974
Wilhelm Lehmbruck Museum Duisburg
13. Juli – Anfang September

1975
Museum Folkwang, Essen
3. September – 5. Oktober

1976
Städtische Galerie im Lenbachhaus, München
Mai/Juni

Städtische Galerie Altes Theater, Ravensburg
10. September – 10. Oktober

1977
Kunstverein Freiburg, Schwarzes Kloster
14. Januar – 13. Februar

Städtische Galerie im Lenbachhaus, München (mit Heinz-Günter Prager, Alf Schuler und Arthur Trantenroth
25. März – 8. Mai

Kunsthaus Bocholt, Euregio Kunstkreis e. V.
13. Oktober – 6. November

1978
Kunsthalle zu Kiel
23. April – 21. Mai

Galerie D + C Mueller-Roth, Stuttgart
10. September – 18. Oktober

1980
Landesgartenschau in Ulm, Skulpturen im Donaupark
Mai – September

1981
Galerie Cuenca, Ulm
10. März – 14. April

Städtische Galerie Regensburg
11. Dezember – 7. Februar 1982

1982
Galerie Rupert Walser, München
2. März – 30. April

1983
Galerie Reckermann, Köln
12. Mai – 7. Juli

Kunstverein Hochrhein, Bad Säckingen
(mit Alf Schuler)
25. September – 16. Oktober

Galerie D + C Mueller-Roth, Stuttgart
21. Oktober – 26. November

1984
Städtische Kunsthalle, Mannheim
28. Juni – 9. September

1985
Staatsgalerie moderner Kunst, München
10. August – 6. Oktober

Galerie D + C Mueller-Roth, Köln
Art Cologne
14. – 20. November

1986
Nationalgalerie, Berlin
20. Juni – 17. August

Museum moderner Kunst, Palais Liechtenstein, Wien
21. September – 3. November

1987
Galerie Mathea, Wolfenbüttel
28. Februar – 28. März

Galerie Rupert Walser, München
20. Mai – 3. Juli

1989
Galerie Hans Strelow, Düsseldorf
10. Februar – 1. April

Kunstverein Freising
23. Juni – 6. Juli

Institut für moderne Kunst, Nürnberg
7. September – 20. Oktober

Galerie kö 24, Hannover
14. September – 12. November

1990
Städtische Galerie im Lenbachhaus, München
8. August – 23. September

Künstlerwerkstatt Lothringer Straße, München
8. August – 9. September

Wilhelm-Hack-Museum, Ludwigshafen am Rhein
18. Dezember – 3. Februar 1991

1991
Galerie im Ganserhaus, Wasserburg am Inn
4. August – 1. September

Galerie Eremitage, Berlin
6. Oktober – 15. November

1992
Galerie Dr. Luise Krohn, Badenweiler
8. März – 1. Mai

Kunsthalle Dominikanerkirche und Kulturgeschichtliches Museum, Osnabrück
19. März – 3. Mai

1993
Hans-Thoma-Gesellschaft – Kunstverein Reutlingen und Städtisches Kunstmuseum Spendhaus, Reutlingen
4. Juli – 15. August

1994
Galerie Rupert Walser, München
25. Januar – 12. März

Mia-Münster-Museum, St. Wendel
30. April – 12. Juni

1995
Galerie Rupert Walser, München, Galerie Paal, München
7. März – 29. April

Bibliographie

1968

Roh, J., in Katalog Galerie Heseler, München

1969

Roh, J., ›Alf Lechner‹ in *das kunstwerk* XXII, Baden-Baden

Koch, J. W., ›Zur Entstehung der Stahlplastiken von Alf Lechner‹ in *Contemporea*, Katalog Lempertz, Köln

1970

Schlagheck, I., ›Geknickte Giganten‹ in *Nürnberger Zeitung*, 19. September

Kallhardt, R., in Katalog Galerie Defet, Nürnberg

1971

Wunderlich, W., ›Präzisierte Gewalt‹ in *Die Kunst und das Schöne Heim* 83, München

Rühl, H., Wunderlich W., in *SUN* 17/71, Katalog Universitätsbauamt Erlangen

Pée, H., in Faltblatt Galerie Stangl, München

1972

Jensen, J. Chr., Nowald, K., in *Kunst an der Kiellinie*, Katalog Kunsthalle zu Kiel

Morschel, J., in *Deutsche Kunst der 60er Jahre: Plastik, Objekte, Aktionen*, München

Wunderlich, W., ›Lapidare Monumentalität, Alf Lechners Großplastik in Erlangen‹ in *Die Kunst und das Schöne Heim* 84, München

1973

Koch, J. W., Morschel, J., in Katalog Badischer Kunstverein, Karlsruhe

Löwe, R., in Katalog Staatsgalerie moderner Kunst, München, und Galerie Stangl, München

1974

Nowald, K., ›Über Alf Lechners Stahlkonstruktionen‹ in Katalog Wilhelm Lehmbruck Museum Duisburg

1975

Stachelhaus, H., ›Rhein-Ruhr‹ in *Magazin Kunst* 15, Mainz

Honisch, D., ›Zu den neuen Arbeiten von Alf Lechner‹ in Katalog Museum Folkwang, Essen

1977

Roh, J., ›Konstellationen‹ in *das kunstwerk* XXX, Baden-Baden

Zweite, A., in *Konstellationen – Lechner, Prager, Schuler, Trantenroth*, Katalog Städtische Galerie im Lenbachhaus, München

Müller, H.-J., ›Lieber Pythagoras‹ in Katalog Kunstverein Freiburg

1978

Jensen, J. Chr., in Katalog Kunsthalle zu Kiel und Schleswig-Holsteinischer Kunstverein, Kiel

1979

Weskott, H., in *Kunstforum International* 31, 6, Köln

Geierstanger, H., in *Kunstwerke für Weihenstephan*, Katalog Universitätsbauamt München-Weihenstephan

Morschel, J., ›Plastik heute‹ in *Dimension '79, Plastische Arbeiten unserer Zeit*, Katalog Stadtmuseum München

1980

Gauß, U., ›Alf Lechner‹ in *Zeichnungen von Bildhauern des 20. Jahrhunderts*, Katalog Staatsgalerie Stuttgart

Nobis, N., ›Skulpturen zur Landesgartenschau‹ in Katalog Ulmer Museum, Ulm

1981

Merkert, J., ›Bildhauertechniken‹ in Katalog Neuer Berliner Kunstverein in der Staatlichen Kunsthalle Berlin

Mahlow, D., in *100 Jahre Metallplastik, Bronzeguß, Construction, Materialsprache, Wahrnehmung*, Frankfurt

Pöhlmann, W., ›Maß und Masse‹ in *Alf Lechner, Maß und Masse*, Katalog Städtische Galerie, Regensburg

1982

Schlagheck, I., ›Alf Lechner und die anschauliche Reflexion der Architekturform durch die konkrete Plastik‹ in *Nürnberger Zeitung*, 26. Januar

1983

Pohlen, A., ›Steinzeit – Endzeit – Meditationszeit. Von Laib zu Beuys zu Knoebel mit einem Seitensprung zu Lechner‹ in *Kunstforum International*, 63/64, Köln

1984

Heusinger von Waldegg, J., in *Linie – Fläche – Körper – Raum*, Katalog Städtische Kunsthalle, Mannheim

1985
Heusinger von Waldegg, J., ›Plastik über Plastik‹ in *Alf Lechner – Neue Arbeiten*, Katalog Staatsgalerie moderner Kunst, München; Nationalgalerie Berlin; Museum moderner Kunst, Palais Liechtenstein, Wien

Honisch, D., ›Geometrie und Masse‹ in *Alf Lechner – Neue Arbeiten,* Katalog Staatsgalerie moderner Kunst, München etc.

Ronte, D., ›Vom Gefühl des Winkels‹ in *Alf Lechner – Neue Arbeiten*, Katalog Staatsgalerie moderner Kunst, München etc.

Pöhlmann, W., ›Über die sinnliche Wahrnehmung systematischer Ordnungsprinzipien‹ in *NIKE, Neue Kunst in Europa* 10, München

Schulz-Hoffmann, C., ›Systematisch geordnetes Denken ist sinnlich wahrnehmbar‹ in *Alf Lechner – Neue Arbeiten*, Katalog Staatsgalerie moderner Kunst, München etc.

Hegewisch, K., ›Würfel halbiert, Quadrate verschoben‹ in *Frankfurter Allgemeine Zeitung*, 2. September

Müller, D., ›Nur Einfachheit ist überzeugend‹ in *Süddeutsche Zeitung*, 17./18. August

Grisebach, L., in *Kunst in der Bundesrepublik Deutschland 1945–1985*, Katalog Nationalgalerie Berlin

1986
Ohff, H., ›Die Anmut des Strengen‹ in *Der Tagesspiegel*, 21. Juni, Berlin

Göpfert, H., ›Elegante Mathematik‹ in *Die Welt*, 12. Juli, Hamburg

Rhode, W., ›Die zweischneidige Einfachheit‹ in *Frankfurter Rundschau*, 25. Juli

Müller, K. B., ›Männerarbeit‹ in *die tageszeitung*, 9. Juli, Berlin

Lösel, A., ›Kraft und Einfachheit‹ in *art* 7, Hamburg

Neuburger, S., ›Alf Lechner, Neue Arbeiten‹ in *NIKE, Neue Kunst in Europa* 16, München

1987
Gliewe, G., ›Alf Lechners Stele am Gasteig‹ in *Abendzeitung*, 15. Juni, München

1988
Seidenfaden, I., ›Von der Zärtlichkeit der Materie‹ in *Kunst in München*, München

1989
Fenn, W., ›Schnitte im Stahl‹ in *Nürnberger Nachrichten*, 7. September

Bröder, F. J., ›In Eile und mit Weile, Stahlskulpturen und Zeichnungen von Alf Lechner in Nürnberg‹ in *RNT* (Ring Nordbayerischer Tageszeitungen), 19. September, Bayreuth

Baier, P., ›Luftiger Stahl, Plastik von Alf Lechner in Ingolstadt aufgestellt‹ in *Donaukurier*, 25./26. November, Ingolstadt

1990
Ruhrberg, K., ›Ich suche, um zu erfinden‹ in *Künstler, Kritisches Lexikon der Gegenwartskunst*, Ausgabe 9, München

Schlagheck, I., ›Ein Schmied zwingt den Stahl zur Leichtigkeit‹ in *art* 8, Hamburg

Jensen, J. Chr., ›Skulpturen von Alf Lechner‹ in Katalog Städtische Galerie im Lenbachhaus, München, und Kunsthalle Kiel

Zweite, A., ›Sehen ist Tun‹ in Katalog Städtische Galerie im Lenbachhaus, München, und Kunsthalle Kiel

Stolpe, E., ›Am Ende der Geometrie‹ in *Süddeutsche Zeitung*, 11./12. August, München

Hegewisch, K., ›Seele des Stahls‹ in *Frankfurter Allgemeine Zeitung*, 23. August

Honisch, D., *Alf Lechner – Skulpturen* (Monographie und Werkverzeichnis), Nürnberg

Holeczek, B., ›Säge-Blätter‹ in *Alf Lechner – Zeichnungen*, Katalog Wilhelm Hack Museum, Ludwigshafen am Rhein

Gassen, R. W., ›Die Zeichnungen‹ in *Alf Lechner – Zeichnungen*, Katalog Wilhelm Hack Museum, Ludwigshafen am Rhein

Gliewe, G., ›Stern des Jahres, eine Auszeichnung der AZ München‹ in *Abendzeitung*, Weihnachten 1990

Schlagheck, I., ›Ein Schmied zwingt den Stahl zur Leichtigkeit‹, in *art* 8, August 1990

Leydecker, K., ›Dynamik der Linie‹ in *Mannheimer Morgen*, 21. Dezember

1991
Friedel, H., ›Zum Flüssigkeitszustand von Stahl‹ in *Alf Lechner – Zeitteilung 1990*, Katalog Galerie im Ganserhaus, Wasserburg am Inn

Walter, K., ›Würfelschnitte‹ in *Bildhauerzeichnungen*, Katalog Wilhelm Lehmbruck Museum Duisburg

1992
Ohff, H., *Laudatio zum Kritikerpreis 1991 für bildende Kunst*

Ruhrberg, K., *Laudatio auf den Preisträger des Piepenbrockpreises für Skulptur '92*

1993
Storz, B., ›Menschliches Maß und kosmisches Maß‹ in *Alf Lechner – Ereignisskulpturen 1993*, Katalog Hans-Thoma-Gesellschaft – Kunstverein Reutlingen, Städtisches Kunstmuseum Spendhaus, Reutlingen

1994
Holeczek, B., ›Kraftfelder‹ in *Alf Lechner – Skulpturen aus Stahl und Zeichnungen*, Katalog Mia-Münster-Haus, St. Wendel

Werkverzeichnis

Das Werkverzeichnis (WV) schreibt das von Dieter Honisch begonnene Verzeichnis der Werke, die von 1957 bis Ostern 1990 entstanden sind (WV 1– WV 467), fort und erfaßt alle Skulpturen von Alf Lechner bis April 1995. Die hier an den Anfang gestellten Arbeiten (WV 458, 464) stellen Überarbeitungen früherer Werke dar.
Die Reihenfolge entspricht der Chronologie ihrer Entstehung.

458

464

458
Sektor, 1990
vierteilig
H 12 cm, B 350 cm, T 350 cm
Gewicht 3600 kg
Edelstahl gewalzt, gebrochen
Hervorgegangen aus
WV 458 und WV 461
Im Besitz des Künstlers
Tafel S. 107

464
Fragment Konstruktion, 1990
dreiteilig
H 14 cm, B 300 cm, T 320 cm
Gewicht 6670 kg
Edelstahl gewalzt, gebrochen
Hervorgegangen aus
WV 463 und WV 464
Im Besitz des Künstlers
Tafel S. 108/109

468
Zaunskulptur, 1990
H 220 cm, L 52 m, T 30 cm
Vierkantstahl massiv, verzinkt
Profilquerschnitt 100 x 100 mm
Bundespost, München

469
Quadrat-Konstellation, 1990
H 30 cm, B 30 cm, T 42,5 cm
Gewicht 230 kg
Titan massiv, geschmiedet,
gesägt, rostfrei
Im Besitz des Künstlers

469 A
Stele, 1990
H 110 cm, B 29 cm, T 29 cm
Gewicht 700 kg
Stahl massiv, geschmiedet
Im Besitz des Künstlers

470
Schmiedeblock, 1990
H 5 cm, B 5 cm, L 26 cm
Stahl massiv, geschmiedet,
gefräst, rostfrei
Im Besitz des Künstlers

471
Kreis-Teilung, 1990
H 97 cm, B 160 cm, T 150 cm
Vierkantstahl gewalzt
Profilquerschnitt 40 x 40 mm
Privatsammlung

472
Zeitteilung, 1990
sechzehnteilig
H 22 cm, B 22 cm,
L unterschiedlich 347–398 cm
Gesamtlänge 58,58 m
Gewicht je Teil ca. 1400 kg
Edelstahl geschmiedet,
geflämmt
Im Besitz des Künstlers
Tafel S. 82/83, 85

473
Wand-Boden-Fläche, 1990
H 102 cm, B 125 cm, T 137 cm
Gewicht 180 kg
Edelstahl gewalzt, gebrochen
Materialstärke 14 mm
Im Besitz des Künstlers

474
Relief, 1990
H 210 cm, B 98 cm,
Materialstärke 50 mm
Gewicht 820 kg
Edelstahl gewalzt, gebrochen
Im Besitz des Künstlers

475
Spaltung, 1991
H 71 cm, B 118 cm, L 436 cm
Gewicht 6100 kg
Edelstahl gewalzt, gespalten
Im Besitz des Künstlers
Tafel S. 111

476
Kleine Würfelkanten-
Subtraktion, 1991
H 16 cm, B 16 cm, T 16 cm
Gewicht 32 kg
Stahl massiv, geschmiedet,
rostfrei, in drei Dimensionen
gefräst
Auflage 16 Exemplare
z.T. im Besitz des Künstlers

468

469a

469

470

471

472

473

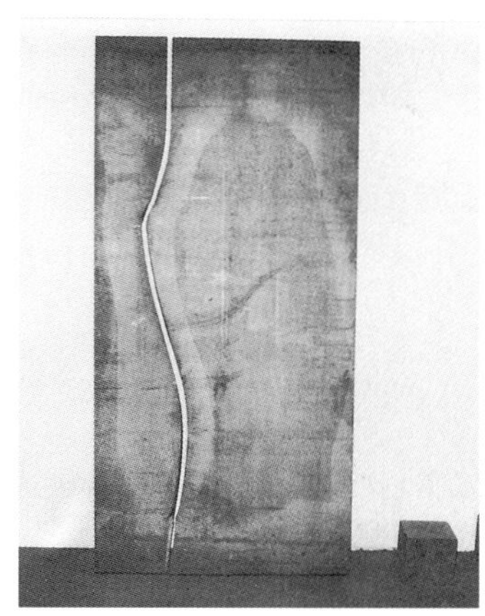
474

475

476

477

478

479

477
Würfelkanten-Subtraktion, 1991
H 40 cm, B 40 cm, T 40 cm
Gewicht 500 kg
Stahl massiv, geschmiedet,
in drei Dimensionen gefräst
Im Besitz des Künstlers
Tafel S. 112

478
Verbindung durch Kanten-Subtraktion, 1991
H 30 cm, B 30 cm, L 147 cm
Gewicht 1000 kg
Stahl massiv, geschmiedet,
rostfrei, umlaufend gefräst
Im Besitz des Künstlers
Tafel S. 113

479
Würfel im Würfel, 1991
H 40 cm, B 40 cm, T 40 cm
Gewicht 500 kg
Stahl massiv, geschmiedet,
gesägt
Im Besitz des Künstlers
Tafel S. 91

480
Ring mit Stab, 1991
H 450 cm, B 900 cm, T 450 cm
Gewicht 4000 kg
Stahl massiv, geschmiedet,
geschliffen, rostfrei, montiert
auf Säulenfundament
Profilquerschnitt 150 x 150 mm
Brückenskulptur in Donaustauf,
Freistaat Bayern

481
Kreisrhythmen, 1991
H 350 cm, B 460 cm, L 870 cm
Gewicht 2500 kg
Stahl massiv, geschmiedet,
geschliffen, rostfrei
Profilquerschnitt 125 x 125 mm
ein Bogen 270°
ein Bogen 120°
Musikschule der Stadt Leverkusen
Tafel S. 116/117

482
Kreis im Halbkreis, 1991
H 375 cm, B 375 cm, T 750 cm
Gewicht 1760 kg
Stahl massiv, geschmiedet,
geschliffen, rostfrei
Profilquerschnitt 100 x 100 mm
Biegeradius des Kreises 177,5 cm
Biegeradius des Halbkreises 355 cm
Im Besitz des Künstlers

480

481

482

483
Kreisauflösung, 1991
H 210 cm, B 440 cm, T 440 cm
Gewicht 1500 kg
Stahl massiv, geschmiedet,
geschliffen, rostfrei
Profilquerschnitt 120 x 120 mm
Zwei Bögen mit je 120°
Bundesanstalt für Arbeit
Tafel S. 118

484
Quadratauflösung, 1991
H 128 cm, B 200 cm, T 38 cm
Gewicht 1800 kg
Edelstahl gewalzt, gebrochen
Materialstärke 140 mm
Im Besitz des Künstlers
Tafel S. 119

485
Schmiedeblock, 1991
H 31 cm, B 54 cm, T 44 cm
Gewicht 400 kg
Stahl geschmiedet
Privatsammlung

483

484

485

486

487

486
Gewichtsverlagerung, 1991
H 62 cm, B 110 cm, L 253 cm
Gewicht 6300 kg
Edelstahl massiv, geschmiedet, gebrochen, gesägt
Im Besitz des Künstlers
Tafel S. 120/121

487
Halbzylinder über den Stab gebrochen, 1991
H 74 cm, B 270 cm, L 362 cm
Gewicht 8000 kg
Edelstahl massiv, geschmiedet, gebrochen
Im Besitz des Künstlers
Tafel S. 88/89

488

488
Große Zylinderspaltung, 1991
H 325 cm, B 120 cm, T 120 cm
Gewicht 25 000 kg
Edelstahl massiv, geschmiedet, gespalten
Im Besitz des Künstlers
Tafel S. 32/33

489
Gebrochenes Rechteck, 1991
H 6 cm, B 101 cm, L 283 cm
Gewicht 1360 kg
Edelstahl gewalzt, gebrochen
Materialstärke 60 mm
Im Besitz des Künstlers

489

490

491

490
Über den Stab gebrochen, 1991
H 28 cm, B 510 cm, L 780 cm
Gewicht des Stabes 3500 kg
Gewicht der Platten 9000 kg
Edelstahl massiv, gewalzt
Profilquerschnitt des Stabes 260 x 260 mm
Materialstärke der Platten 170 mm
Im Besitz des Künstlers
Tafel S. 94/95

492

493

494

491
Längsbruch, 1992
H 14 cm, B 160 cm, L 370 cm
Gewicht 6500 kg
Edelstahl gewalzt, gebrochen
Konzept für Gotha
Im Besitz des Künstlers

492
Wendung, 1992
H 60 cm, B 33 cm, L 80 cm
Gewicht 650 kg
Stahl massiv, geschmiedet
Im Besitz des Künstlers
Tafel S. 90

493
Prägung, 1992
H 15 cm, B 100 cm, L 260 cm
Gewicht 1000 kg
Stahl gewalzt
Im Besitz des Künstlers
Tafel S. 68

494
Dreiecke, 1992
zweiteilig
H 52,5 cm, B 100 cm, T 100 cm
Gewicht 240 kg
Stahl massiv, geschweißt, gebrochen
Privatsammlung

495

496

497

498

499

495
Rechteck-Konstellation, 1992
H 44 cm, B 31 cm, T 15 cm
Gewicht 100 kg
Stahl massiv, geschmiedet,
gesägt, rostfrei
Außenfläche dunkel
Sägefläche blank
Privatsammlung

500

501

502

496
Wand-Boden-Anordnung, 1992
zweiteilig
Kalotte: H 13 cm, B 65 cm, T 65 cm
Bogen: H 32,5 cm, B 65 cm, T 32,5 cm
Gewicht 140 kg
Kalotte Stahl massiv, geschmiedet,
gesägt, Bogen Stahl massiv
Im Besitz des Künstlers

497
Würfel-Diagonale, 1992
zweiteilig
H 42 cm, B 30 cm, T 30 cm
Gewicht 280 kg
Stahl massiv, geschmiedet
Privatsammlung

498
Eindringung, 1992
zweiteilig
H 30 cm, B 35 cm, L 125 cm
Gewicht 430 kg
Stahl massiv, geschmiedet, gesägt
Im Besitz des Künstlers

499
Versinkende Gruppe, 1992
fünfteilig
H 70 cm, B 210 cm, L 470 cm
Gewicht 4000 kg
Stahl massiv, geschmiedet, gesägt
Bundesanstalt für Arbeit, Nürnberg
Tafel S. 122/123

500
Stahlblatt Nr. 1, 1986/92
H 89 cm, B 218 cm, L 958 cm
Gewicht 16 000 kg, R 18,30 m
Stahl gewalzt, geschnitten
Materialstärke 100 mm
Große Ausführung von WV 360
Im Besitz des Künstlers
Tafel S. 35–37

501
Stelen, 1992, sechs Exemplare
je H 143 cm, B 30 cm, T 30 cm
Gewicht je 1000 kg
Stahl massiv, geschmiedet
Im Besitz des Künstlers
Tafel S. 40/41

502
Spaltung, 1992
H 61 cm, B 111 cm, L 460 cm
Gewicht 4000 kg
Edelstahl gewalzt, gespalten
Im Besitz des Künstlers
Tafel S. 70/71

503

503

504

505

506

507

508

506
Würfelveränderung I, 1993
H 36 cm, B 43 cm, T 38 cm
Gewicht 430 kg
Stahl massiv, geschmiedet
Im Besitz des Künstlers
Tafel S. 100

507
Würfelveränderung II, 1993
H 37 cm, B 40 cm, T 43 cm
Gewicht 450 kg
Stahl massiv, geschmiedet
Im Besitz des Künstlers
Tafel S. 101

508
Würfelveränderung III, 1993
H 34 cm, B 48 cm, T 41 cm
Gewicht 430 kg
Stahl massiv, geschmiedet
Im Besitz des Künstlers

509
Konkav-Konvex, 1993
zweiteilig
H 75 cm, B 377 cm
T nach raumbezogenem Abstand
Gewicht 6200 kg
Edelstahl gewalzt, gebrochen
Materialstärke 170 mm
Im Besitz des Künstlers
Tafel S. 125

510
Große Quer-Teilung, 1993
H 58 cm, B 226 cm, L 670 cm
Gewicht 65 000 kg
Stahl massiv, gewalzt, gesägt
Im Besitz des Künstlers
Tafel S. 126/127

503
Unterbrechung, 1993
Zwei Exemplare
je H 62 cm, B 115 cm, L 137 cm
Gewicht je 4500 kg
Edelstahl halb massiv, halb hohl
Im Besitz des Künstlers
Tafel S. 39

504
Abkippung, 1993
dreiteilig
H 27 cm, B 74 cm, T 80 cm
Gewicht 600 kg
Stahl massiv, gebrochen
Im Besitz des Künstlers

505
Quadrat-Dreieck, 1993
zweiteilig
H 45 cm, B 38 cm, T 50 cm
Gewicht 300 kg
Stahl geschmiedet, gebrochen
Im Besitz des Künstlers

509

510

511
Stauchung, 1993
zweiteilig
H 87 cm, B 77 cm, L 365 cm
Gewicht 3500 kg
Edelstahl gewalzt, gestaucht
Materialstärke 112 mm
Im Besitz des Künstlers
Tafel S. 129

512
Zwei Halbzylinder, 1993
H 90 cm, B 90 cm, T 135 cm
Gewicht 4500 kg
Edelstahl massiv, geschmiedet, gesägt, gespalten
Im Besitz des Künstlers

513
Verzahnung, 1993
vierteilig
H 35 cm, B 176 cm, L 210 cm
Gewicht 3800 kg
Edelstahl gewalzt, gebrochen
Im Besitz des Künstlers
Tafel S. 128

514
Flammenbewegung, 1993
zweiteilig
je H 56 cm, B 12,5 cm, L 200 cm
Gewicht je 1100 kg
Stahl geschnitten
Im Besitz des Künstlers
Tafel S. 102/103

515
Eckstück, 1993
H 91 cm, B 100 cm, T 100 cm
Gewicht 2300 kg
Stahl massiv, geschmiedet, gesägt
Rückgriff auf WV 393
Im Besitz des Künstlers
Tafel S. 130

516
Kugelsektor, 1993
H 40 cm, B 69 cm, T 83 cm
Gewicht 1000 kg
Stahl geschmiedet, gesägt
Im Besitz des Künstlers
Tafel S. 131

511

512

513

514

515

516

517

517
Kugel, 1993
Durchmesser 130 cm
Gewicht 10 000 kg
Stahl massiv, geschmiedet
Im Besitz des Künstlers

518
Kugelteilung, 1993
Durchmesser 125 cm
Gewicht 8000 kg
Stahl massiv, geschmiedet
Senkrechte Mittelteilung
Allgemeine Leasing,
München-Grünwald
Tafel S. 133

519
Große Längsteilung, 1993
H 45 cm, B 270 cm, L 540 cm
Gewicht 45 000 kg
Stahl massiv, gewalzt, geschnitten
Längsteilung 5° außer Mittelachse
Allgemeine Leasing,
München-Grünwald
Tafel S. 132

518

519

520
Sektor, Stele in Rheine, 1993
H 900 cm, B 60 cm, T 85 cm
Gewicht 10 000 kg
Bogenradius 68 cm
Stahl geschweißt,
geschliffen, rostfrei
Arbeitsamt Rheine
Tafel S. 135

521
Über Kreuz gebrochen, 1993
H 57 cm, B 395 cm, L 395 cm
Gewicht 13 400 kg
Eine Stahlplatte plan
134 x 395 cm,
eine Stahlplatte gebrochen
134 x 395 cm
Materialstärke beider Platten
je 160 mm
Im Besitz des Künstlers
Tafel S. 136/137

520

521

522
Stauchung, 1993
H 50 cm, B 180 cm, L 286 cm
Gewicht 5500 kg
Edelstahl gewalzt, gestaucht
Materialstärke 140 mm
Im Besitz des Künstlers
Tafel S. 138/139

523
Doppelung, 1993
H 23 cm, B 151 cm, L 404 cm
Gewicht 9000 kg
Edelstahl gewalzt, gebrochen
Blechstärken 2 x 115 mm
Im Besitz des Künstlers
Tafel S. 141

524
Gegenüberstellung, 1993
zweiteilig
H 122 cm, B 151 cm, T nach
raumbezogenem Abstand
Gewicht 3300 kg
Edelstahl gewalzt, gebrochen
Materialstärke 135 mm
Im Besitz des Künstlers
Tafel S. 87

522

523

524

525
Fünfundsechzigtausend, 1994
H 195 cm, B 280 cm, T 280 cm
Gewicht 65 000 kg
Edelstahl, in einem Stück
gegossene Zylinderform
Ohne Fundament
Landespolizeischule
Schloß Holte-Stuckenbrock
Tafel S. 143

525

526

526

526

526

526

526

526

527

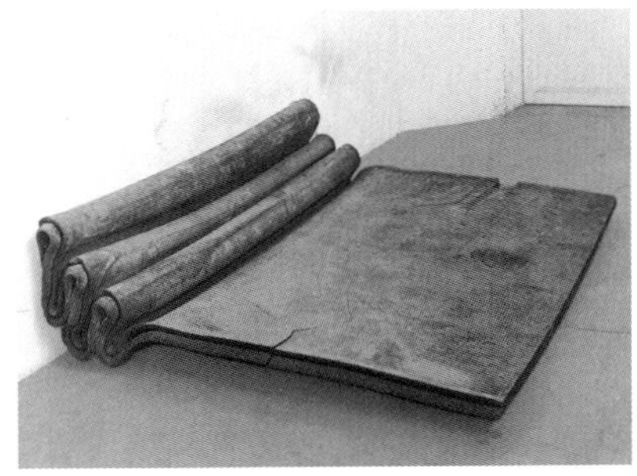
528

529

526
Sieben Würfel im Raum, 1994
Ausgangsmaße aller Würfel
H 40 cm, B 40 cm, T 40 cm
Stahl massiv, geschmiedet
Im Besitz des Künstlers
Tafel S. 72/73, 74–79

527
Quadraträume, 1994
zweiteilig
H 11 cm, B 153 cm, L 218 cm
Gewicht 1700 kg
Edelstahl gewalzt, gebrochen
Materialstärke 110 mm
Im Besitz des Künstlers
Tafel S. 140

528
Faltung gegen Widerstand, 1994
H 56 cm, B 220 cm, L 186 cm
Gewicht 5000 kg
Edelstahl gewalzt, gestaucht
Materialstärke 70 mm
Im Besitz des Künstlers
Tafel S. 43

529
Fragment, 1994
zweiteilig
H 22 cm, B 34 cm, L 110 cm
Gewicht 224 kg
Stahl gewalzt, gebrochen
Im Besitz des Künstlers

530

531

530
Großes Fragment, 1994
dreiteilig
H 50 cm, B 130 cm, L 400 cm
Gewicht 4200 kg
Edelstahl gewalzt, gebrochen
Materialstärke 110 mm
Im Besitz des Künstlers

531
Zylinderspaltung, 1994
zweiteilig
H 240 cm, B 378 cm, L 756 cm
Gesamtgewicht 51 000 kg
Ein Vollzylinder Edelstahl geschmiedet, ein Halbzylinder Edelstahl geschmiedet, gespalten
Im Besitz des Künstlers
Tafel S. 144/145

532

532
Segmente, 1994
zweiteilig
H 131 cm, B 345 cm, L 300 cm
Gewicht 2400 kg
Stahl gewalzt, geschnitten, geschweißt
Zusammensetzung der Segmente
120° + 60° und 135° + 45°
Materialstärke 25 mm
Im Besitz des Künstlers

533

533
Teilung, 1994
H 12 cm, B 170 cm, L 170 cm
Gewicht 2540 kg
Edelstahl gewalzt, gebrochen
Materialstärke 56 mm
Im Besitz des Künstlers
Tafel S. 69

534

534
Winkelhaken, 1994
H 265 cm, B 255 cm, L 300 cm
Gewicht 3900 kg
Stahl massiv, geschmiedet
Profilquerschnitt 265 x 265 mm
Im Besitz des Künstlers

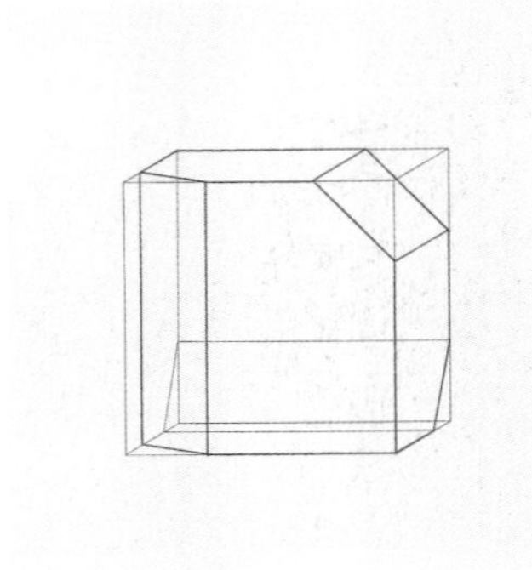

535

535
Würfel I, Kanten-Subtraktion,
1994
H 18,5 cm, B 18,5 cm,
T 18,5 cm
Gewicht 50 kg
Stahl massiv, geschmiedet,
gesägt, rostfrei
Außenflächen dunkel,
Sägeflächen blank
Im Besitz des Künstlers
Tafel S. 146

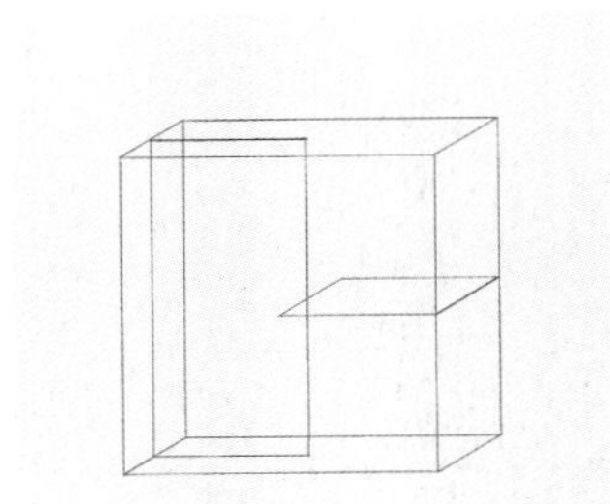

536

536
Würfel II, 1994
H 20 cm, B 20 cm, T 20 cm
Gewicht 60 kg
Stahl massiv, geschmiedet,
gesägt, rostfrei
Ein horizontaler Einschnitt
zum Würfelzentrum, ein
vertikaler Einschnitt zum
Würfelzentrum
Privatsammlung

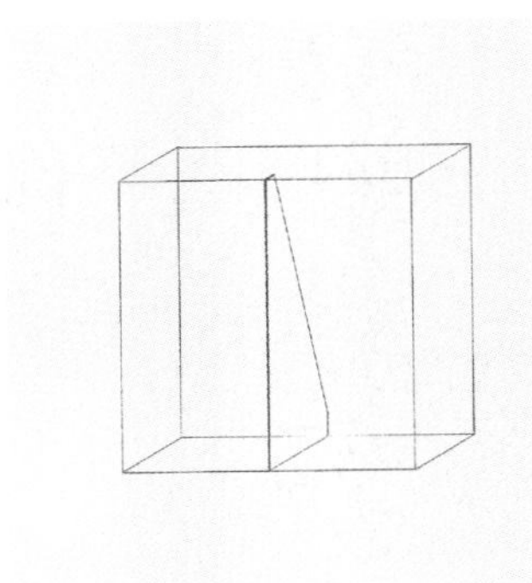

537

537
Würfel III, 1994
H 20 cm, B 20 cm, T 20 cm
Gewicht 60 kg
Stahl massiv, geschmiedet,
gesägt, rostfrei
Ein vertikaler Diagonalschnitt
über das Würfelzentrum
hinaus
Privatsammlung

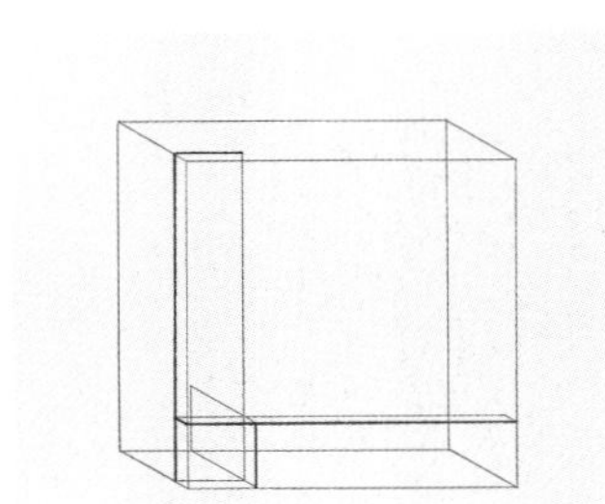

538

538
Würfel IV, 1994
H 20 cm, B 20 cm, T 20 cm
Gewicht 60 kg
Stahl massiv, geschmiedet,
gesägt, rostfrei
Ausklinkung eines kleinen
Würfels durch drei
Sägeschnitte
Im Besitz des Künstlers

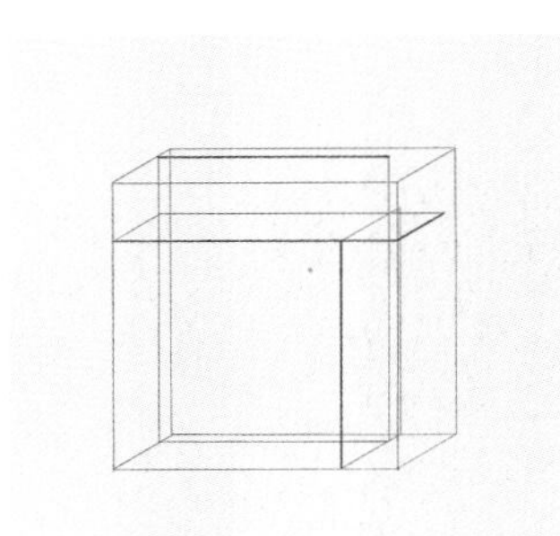

539

539
Würfel V, 1994
H 20 cm, B 20 cm, T 20 cm
Gewicht 60 kg
Stahl massiv, geschmiedet,
gesägt, rostfrei
Ausklinkung eines großen
Würfels durch drei
Sägeschnitte
Im Besitz des Künstlers
Tafel S. 147

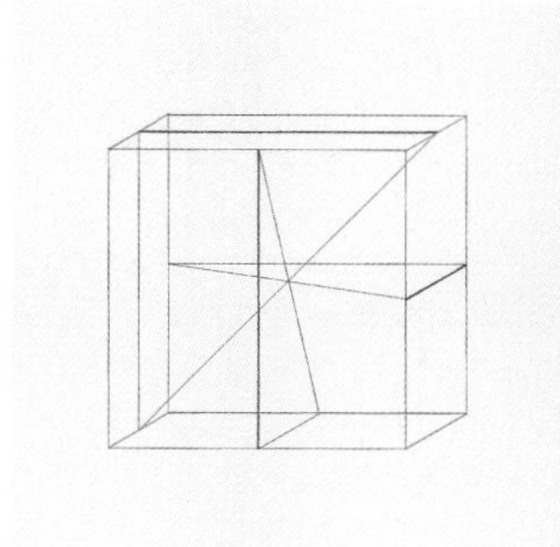

540

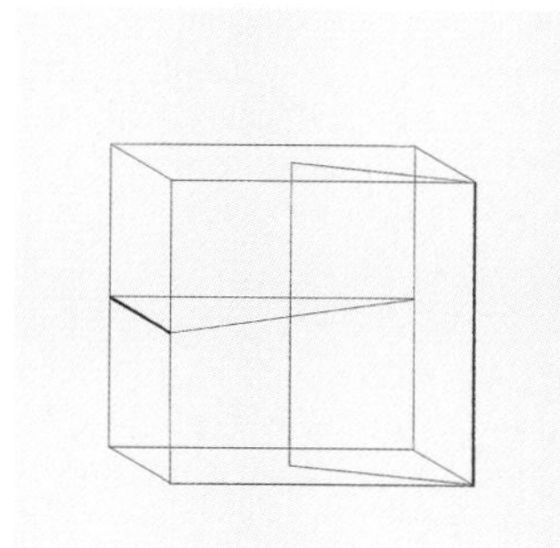

541

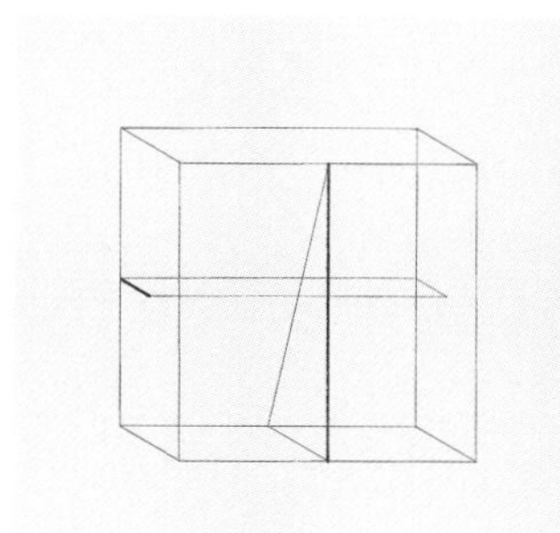

542

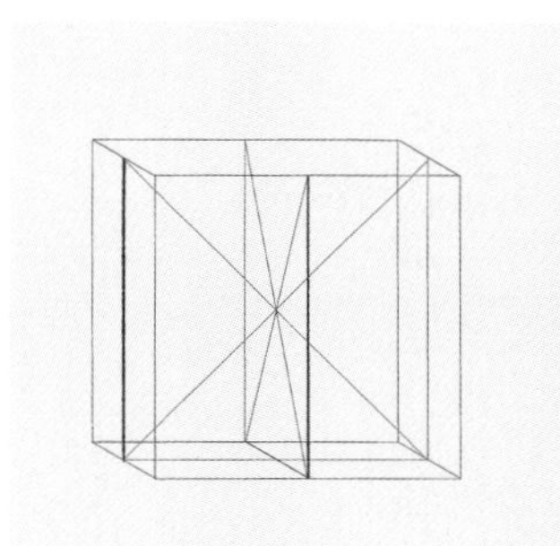

543

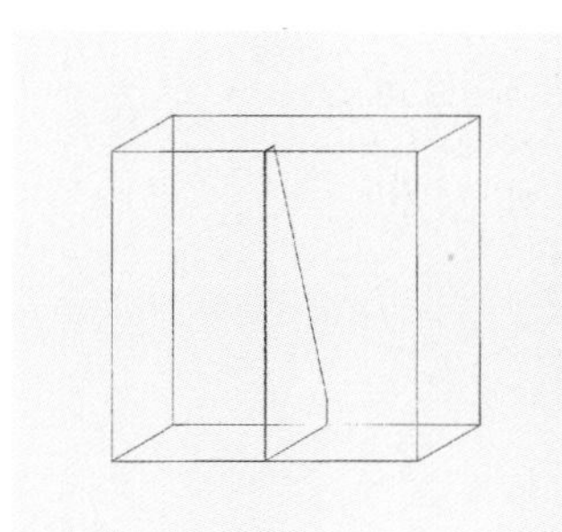

544

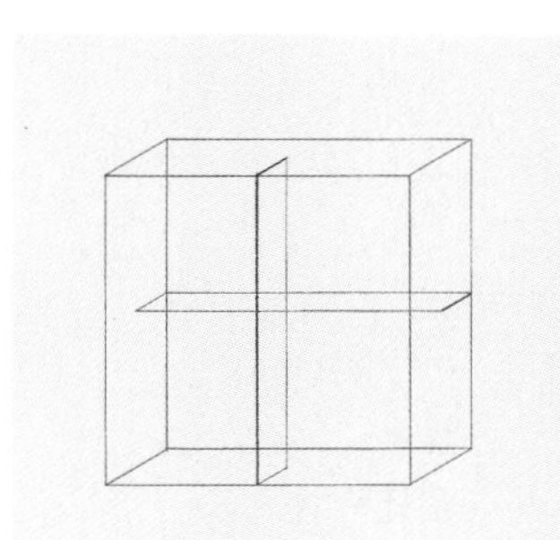

545

540
Würfel mit je einem diagonalen Einschnitt in drei Dimensionen, 1994
H 20 cm, B 20 cm, T 20 cm
Gewicht 60 kg
Stahl massiv, geschmiedet, gesägt, rostfrei
Im Besitz des Künstlers
Tafel S. 148

541
Würfel mit einem vertikalen, diagonalen Einschnitt und einem horizontalen, diagonalen Einschnitt, 1994
H 20 cm, B 20 cm, T 20 cm
Gewicht 60 kg
Stahl massiv, geschmiedet, gesägt, rostfrei
Im Besitz des Künstlers

542
Würfel mit einem vertikalen, diagonalen Einschnitt und einem horizontalen, parallelen Einschnitt, 1994
H 20 cm, B 20 cm, T 20 cm
Gewicht 60 kg
Stahl massiv, geschmiedet, gesägt, rostfrei
Im Besitz des Künstlers
Tafel S. 149

543
Würfel mit vier vertikalen, diagonalen Einschnitten, 1994
H 20 cm, B 20 cm, T 20 cm
Gewicht 60 kg
Stahl massiv, geschmiedet, gesägt, rostfrei
Im Besitz des Künstlers

544
Würfel mit einem über das Würfelzentrum hinausreichenden diagonalen Einschnitt, 1994
H 20 cm, B 20 cm, T 20 cm
Gewicht 60 kg
Stahl massiv, geschmiedet, gesägt, rostfrei
Im Besitz des Künstlers

545
Würfel mit einem vertikalen und einem horizontalen Einschnitt, 1994
H 20 cm, B 20 cm, T 20 cm
Gewicht 60 kg
Stahl massiv, geschmiedet, gesägt, rostfrei
Im Besitz des Künstlers

546
Substitution, 1994
zweiteilig
Platte: H 42 cm, B 130 cm,
T 236 cm
Gewicht 10 000 kg
Stahl massiv, geschmiedet
Die ausgeschnittene Scheibe wurde in einen Würfel umgeschmiedet mit den Abmessungen H 77 cm, B 77 cm, T 77 cm
Im Besitz des Künstlers
Tafel S. 155

547
Konstellation D1, 1993
dreiteilig
H 142 cm, B 220 cm, L 512 cm
Gewicht 38 000 kg
(11 000 kg, 11 000 kg, 16 000 kg)
Stahl massiv, gewalzt, geschnitten
Im Besitz des Künstlers
Tafel S. 46/47

548
Konstellation D2, 1994
zweiteilig
H 171 cm, B 120 cm, L 292 cm
Gewicht 24 000 kg
(13 000 kg, 11 000 kg)
Stahl massiv, gewalzt, geschnitten
Im Besitz des Künstlers
Tafel S. 48/49

549
Konstellation D3, 1994
zweiteilig
H 50 cm, B 171 cm, L 512 cm
Gewicht 27 000 kg
(9000 kg, 18 000 kg)
Stahl massiv, gewalzt, geschnitten
Im Besitz des Künstlers
Tafel S. 50/51

550
Konstellation D4, 1994
H 242 cm, B 50 cm, L 287 cm
Gewicht 16 000 kg
Stahl massiv, gewalzt, geschnitten
Im Besitz des Künstlers
Tafel S. 53

551
Konstellation D5, 1994
zweiteilig
H 171 cm, B 120 cm, L 292 cm
Gewicht 22 000 kg
(11 000 kg, 11 000 kg)
Stahl massiv, gewalzt, geschnitten
Im Besitz des Künstlers
Tafel S. 54/55, 57

546

547

548

549

550

551

552

553

554

555

552
Konstellation D6, 1995
zweiteilig
H 171 cm, B 120 cm, L 342 cm
Gewicht 25 000 kg
(9000 kg, 16 000 kg)
Stahl massiv, gewalzt, geschnitten
Im Besitz des Künstlers
Tafel S. 58/59

553
Konstellation D7, 1995
zweiteilig
H 171 cm, B 171 cm, L 342 cm
Gewicht 17 000 kg
(11 500 kg, 5500 kg)
Stahl massiv, gewalzt,
geschnitten
Im Besitz des Künstlers
Tafel S. 61

554
Konstellation D8, 1995
dreiteilig
H 100 cm, B 242 cm, L 420 cm
Gewicht 40 500 kg
(16 000 kg, 11 000 kg, 13 500 kg)
Stahl massiv, gewalzt, geschliffen
Im Besitz des Künstlers
Konstruktionszeichnung Tafel S.63

555
Konstellation Große Bleiche, 1995
zweiteilig
H 700 cm, B 290 cm, T 170 cm
Gewicht 10 000 kg
Stahl geschweißt,
geschliffen, rostfrei
Landesbank Rheinland-Pfalz, Mainz

556
Schwebeplatte, 1995
zweiteilig
H 40 cm, B 200 cm, T 300 cm
Gewicht 12 000 kg
Stahl gewalzt
Zwischen zwei aufeinander
liegenden Blechen liegt in deren
Mittelpunkt eine geschmiedete
Kalotte
Im Besitz des Künstlers
Tafel S. 152/153

556

Manfred Schneckenburger

Scale—Mass—Resistance

Acclaim for Alf Lechner may sound stereotypical: he is the most profound sculptor working in steel to emerge since artists first started using this material, and the only sculptor able to reveal its essential character. Such acclaim can also come close to being paradoxical: Lechner has almost no connection with what we can now look back on as a good sixty years of sculpture in steel.

During the nineteenth century, iron (as also, later, its more practical relative steel) was dominant in every key area of industry. The construction of railways and bridges, mechanical engineering, and civil engineering brought a new world into being. It was only in the cultural realm that iron was used in a retrospective spirit. The rapid processes of mechanized mass production ensured that cast iron was swiftly harnessed to the desire for the most varied stylistic imitation. As a result, the style and aesthetic peculiar to this former product of the forge were lost. It was only in the twentieth century that artists discovered the affinity between iron or steel and the hollow figure in space, the expansive gesture, or the imaginatively distorted assemblage. The results of this discovery are to be found in the work of the Constructivists, later in that of Pablo Picasso and Julio González, then, in the next generation, in that of David Smith, Anthony Caro, and Eduardo Chillida. One line of development in modern sculpture—the retreat from volume, the opening out of form into both inner and outer space—derives from the material properties these artists exploited. In the 1960s sculptors such as Erich Reusch and Richard Serra entirely abandoned their anthropomorphic heritage. Their sculptures spread out to become themselves akin to landscape—horizontal and adapted to the circumstances of their locations. In the history of the avant-garde, therefore, steel sculpture has always been at the cutting edge.

Steel Sculpture as Primary Creation

The recognition that Lechner really has neither roots in, nor causal connections with, the evolution we have just outlined is all the more important in that more superficial contacts with it *are* manifest. A glance at technique and process is, however, enough to reveal the distance between Lechner and the rest. Iron and steel sculpture from Picasso to Caro had consisted of "welded images" (as Rosalind Krauss entitled an essay on sculpture in the twentieth century)—objects found in the scrap-yard variously grouped and welded or soldered together. The fascination of such materials was found not least in the manifold charms of assembly. Lechner, on the other hand, has insisted ever more intently on a contrary principle, informed by the processes of disassembly, division, and subtraction. In his own working methods, the welding torch and the soldering iron were replaced by the cutting torch and the hacksaw. This distinction by no means points only to the use of alternative equipment. Also, and more importantly, it points to an alternative aesthetic strategy, one that is closer to the philosophy of artists and designers associated with the Bauhaus than to the traditions of steel sculpture. Lechner did not invent this strategy, but he may be said to have achieved the most decisive systematization of it in terms of the potential value of formal qualities. In doing so, he has employed the most up-to-date mechanical processes, along with the immense mechanical forces these could bring to bear on the material being worked. Lechner has made technological innovations and metallurgical refinements the prerequisites for his work—not out of any futuristic gigantomania, but rather out of the desire to attain a fruitful accord of art and technology. No other sculptor has invested so much and so insistently in industrial production processes and in the physical qualities of steel.

Lechner cannot be said to carry forward the history of metal sculpture; rather, he has refounded it for himself. For him, steel does not signify an extension of sculptural possibilities into the realms of the bizarre, the spatial, and the constructive. Steel is itself the object of his scrutiny: it is a world of resistance that Lechner is engaged in discovering and exposing, and on which he seeks to establish a firm hold without thereby crushing its autonomous, inner life. In Lechner's view of the sculptural process, a product issuing from the belly of the earth submits to human ingenuity. And why, indeed, should we not invoke the myths that, for three thousand years, have helped humanity to understand sculpture? Gaea unites with Hephaestus, the ennobler of metals, and with Prometheus, who brought fire to man and gave him the spirit of invention. In the 1990s each of Lechner's sculptures is a product of the union of chthonic powers with spiritual mastery.

Are we, then, justified in seeing Lechner's works as the primary creations of an aesthetic, scientific, and technological curiosity, rather than as links in the great chain of art? Within such a context, should Lechner be recognized as preternaturally alert; as an autodidact as sharp and subtle in his meditations as he is naive; as a man of great professionalism; as a "dilettante" (as this term was understood by Thomas Mann) who willingly crosses frontiers; and as both an artist who has become a metallurgist and a metallurgist who has become an artist? Commuting across the divide between the foundry and the museum, is he a sculptor because he captures scale and expressivity in three-dimensional, concrete, and sensuous objects? Perhaps Lechner is not really a sculptor, because—and this is possibly a *condition moderne*—in his own work he does not react to the work of other artists, and he does not engage in the complexities of the art world and the dialectic of artistic progress. Rather, he responds directly to elementary forms and to the qualities of the material itself. This does not imply a sense of limitation, but it does constitute an unusual stance.

Part of the issue is that Lechner, in order to find recognition as an artist, has a certain need for art history. He turned to it not as a vehicle but, rather, as a record of possible starting points for the expansion of the concept of art. It was only by this means that the curiosity of the man trained as a locksmith, an industrial designer, and an inventor was able to find points of contact with developments in contemporary art. It was only by this means that his own particular interest in the way certain materials reacted to various physical interventions might temporarily be seen as linked to the wider current that, at the end of the 1960s, for want of a better term, was called "Process Art." For Lechner's fundamental concerns had already been formulated in an astonishing manner in 1957. In the earliest items in the catalogue raisonné of his work—the *Sheet-Metal Tree* and the *Double Cuts*—he was already beginning to use steel to evolve an autonomous language, as if this last were almost an afterthought (see cat. nos. 1–2). But a full ten years were to pass between these early works and the beginning of the "real" oeuvre. It was only in 1967 that a more generous and comprehensive notion of sculpture was able to accommodate the personal urge to exploration of an artist by then over forty. Moreover, it was also only at this stage that Lechner himself achieved the breakthrough from a series of isolated advances informed by the spirit of handicraft, to work notable for its continuity, its consistent engagement with its chosen themes, and both its range and its depth. Though art history may be said to have attended the birth of Lechner's mature style, it had no part in the real act of procreation.

It would, though, be fair to ask if the significant antecedents of Lechner's work do not reach further back into the past. Would it be going too far if we recall the first, generative period of modern sculpture, from 1908 to 1918? The counter-reliefs made by Vladimir Tatlin depend (in intentional contrast with Picasso's work) on the real tension, and on the real relation between pressure and drag, of iron, steel, and wire—a line of development that was not to be continued until half a century later. In the 1960s a concern with the specific qualities and behavior of materials emerged as a sculptural subject in its own right; and this is where Lechner came on the scene. At first glance, the example of Marcel Duchamp appears to be less relevant to Lechner's case than that of Tatlin. But the renunciation of any distinctive personal style, the retreat of the artist as an enduring presence from the work, and the objectification of his subject are among the foundations on which Lechner also built. A statement (of Lechner's) such as "only the artist's intelligence, not his handwriting, is visible" sounds like a paraphrase of one of Duchamp's utterances. Duchamp's *Réseaux des stoppages* of 1914 and the cracked glass panes he made in 1915 may be seen as the first works of art in which material reactions were allowed to seek out their most appropriate form. In the late 1960s the act of rendering visible and legible the various phases in the creation of a sculpture was a crucial theme—from the work of Robert Morris to that of Ulrich Rückriem. Lechner, joining the company of such artists at this point in the development of sculpture, by no means reacted to their work as to an introductory lesson; yet the new concept of sculpture, enlarged to accommodate physical presence and processes, assured his path.

Lechner's temporary move in the direction of Minimalism, meanwhile, was rather more superficial. It is, of course, true that Lechner's open cubes and serial arrangements coincided with the "primary structures" of American art (see cat. no. 74ff.); and it is not possible to overlook Lechner's momentary engagement with the work of Sol LeWitt. On the other hand, as Dieter Honisch convincingly argued in 1990, Lechner's investigations—concentrated on form rather than related to space, and analytically diverse rather than comprehensive—clearly distinguish his own contribution. Ultimately, in view of their systematic variability, Lechner's stereometric primary forms are closer to the products of the Bauhaus than to the work of Donald Judd.

Scale and Material Reactions

Even where Lechner employs the simplest shapes, he is not concerned with the "simple" as a formal or moral quality. The simple shape is the starting point for measuring procedures that, taken a few steps further, distinguish the more complex *Conjunctions* (see cat. nos 157ff., 211ff.) and *Constellations* (see cat. nos. 433ff., 445ff.). The inner life of proportion is manifest in the divisions imposed by Lechner, just as the inner life of the material itself is revealed in the incisions, fractures, and ruptures that he causes to occur.

Scale and material, proportion and process, constitute the dual foundation of Lechner's sculptures. With varying emphases, they determine the character of his entire oeuvre. Each piece is located in, and informed by, the tension between these entities. Within each individual work, the secure arrangement of geometry and stereometry, structure and serialism, is set against an equally well integrated sense of aggressive action. The result is deformation, distortion, disruption. This is an opposition that extends to the very selection of working tools. While saws and cutting torches are used to expose constructive arrangements through their selective marking of line in the creation of divisions, hydraulic punches and sudden extreme reductions in temperature open up cracks and ruptures, the size and direction of which are hard to predict. Interventions of this second sort come very near to the destructive or anarchic. Yet all Lechner's interventions are subject to the same law. There is not a single form that Lechner himself devises—either by means of imposing his own subjective language of gesture or by borrowing from a more or less harmonious pre-existing system. Rather than imposing qualities from without, Lechner questions and explores pre-established relationships of scale and pre-established material reactions, while himself retreating into the background. All his sculptures emerge from their own conditions. All of them expose these conditions and further develop them. All are fully immanent.

There is a fruitful relationship in Lechner's work between the calculation of form and the concentration of power. The mathematical precision of the divisions reveals the immense thrusts of energy within an appreciably logical framework. The precisely measured, sculptural presence of steel ensures that no repeatable pattern emerges from the various divisions introduced by the artist. The carefully considered positioning of the fragments—upright, lying on the ground, pushed up against each other, set at a suggestive distance—elucidate the informing concept and assure optimum conditions for appreciation.

One could say, adopting a fashionable term from hermeneutics, that these sculptures are self-referential. On account of their large scale, however, they are also, in themselves, a form of public art. Dieter Honisch rightly puts particular emphasis on this point. The frequently invoked public space—hidden somewhere between the thoroughfare and the cosy "interior" of the pedestrian shopping precinct—does not rebuff these sculptures, just as they in turn do not spurn the public space. On the contrary, their radical degree of immanence assures them their own peculiar claim to existence, a truth of their own, which is diametrically opposed to the functional blend or the historical remains to be found within our cities. In these sculptures power comes to rest while rest becomes a form of power. It is precisely because every single one of Lechner's sculptures is conclusive only in itself and out of itself, that his work is resistant to being used in a spirit of decorative ingratiation.

Lechner's oeuvre falls into distinct groups of works or, more precisely, into series of investigations that he pursues ever more eagerly like an explorer (or perhaps like a child hungry for knowledge?). Some series overlap or run parallel to each other. Is there a development in the series? Characteristic of Lechner's early work is the evidence of a curtly aggressive impact on a basic stereometric form, an open cube, a circular or rectangular pipe. This is sculpture as an instance of disruption, as an attack on the ideal form, in which the element of the material is hidden. Through the introduction of a few kinks and deformations Lechner raises this element into visibility (see cat. no. 7ff.). In the mid-1970s, however, this rebellious power of disruption retreats behind formal structure (see cat. no. 127ff.). Cubes, both solid and open, shapes of "unsurpassable fundamentality" (in the words of Hans-Joachim Müller), assume a central role. The hammer is replaced by working with a pair of compasses, and the act of punching metal by that of calculating form—this was Lechner's most rational, cool, and constructive period. In an exhibition catalogue Müller published a letter to his "Dear Pythagoras" —so pure were the numerical harmonies and stereometries revealed in Lechner's work at this time. It was only when the artist was absolutely at ease with this mathematical foundation that he once again began to allow opposing powers to prevail.

Even in Lechner's sculptures of the 1990s, where the exploding energies of steel have at last secured an outlet, the artist has not lost his love of proportion, for all his delight in the working process itself. Proportion offers a great deal more than a mere formal framework. The astonishment felt by Lechner—a large, hefty figure—at the marvel of scale and the perfection of relations emerging out of a single sequence of divisions, is a memorable part of any visit to his house and studio in Geretsried. Lechner insists that neither euphony nor tension are imposed from without. Many sculptures are based on a square with sides measuring 170 cm—an average human height. Here the anthropomorphic module lies at the opposite pole to those powers that exceed every human measure. From the diagonal of such a square Lechner derives the long side of a rectangle. This and the original square can then be slotted into one another or placed next to each other. By this means his basic measure regulates the entire structure through a sequence of processes of which it is the starting point: the provision of a framework, the acts of division, halving and quartering, and the marking of the arcs of circles and their points of intersection. Nothing lies outside this precisely measured arrangement. It even determines the thickness selected for the steel itself, so that this aspect of the work is also retained within the same evocative, sculpturally effective three-dimensionality. Lechner has here arrived at his own "divine proportion," one that he prefers to the accommodating academic golden section: it is a perfect economy of constructive logic, in which not the slightest trace escapes the system. The eight large, multi-part block sculptures of 1994/95 may, without exception, be understood in relation to this approach (plates on pp. 46–63).

Aesthetics and Technology

1989 marks a caesura in Lechner's oeuvre. If open form, freedom with regard to process, sovereign simplicity, and deeper emotional content are readily acknowledged characteristics of an artist's late style, then we may say that the late phase of Lechner's work starts at this point. The works of this period cannot, however, be shown to constitute a detached summary of what had been achieved in the preceding phases. Rather, they attain an essence and an exaggeration of Lechner's hitherto most crucial concept. They appear to have served as a means of moving on from the most energetic intensifying of steel as a material—away from steel as a rational construction and towards steel as an experimental "terra incognita." Lechner does not become less systematic in his explorations: on the contrary, he now reduces the most varied technologies and processes to their logical conclusion. There emerged a stupendously well-defined encyclopaedia of technical possibilities in working with steel. His curiosity now leads Lechner deep into the study of alloys, achieving in his work with these an eruptive and unequalled expressivity. He employs the heaviest hydraulic presses, each able to exert an impact equal to that of three thousand tons. Metal-working processes such as forging, rolling, sawing, torch-cutting, milling, fracturing, bending, splitting, and searing, and their varied interactions, are recorded in the most vivid manner possible, in terms of their effect on the worked material. As Lechner's trust in the aesthetic tension and the drama of the steel increases, the formal specifications diminish.

It is true that something of this had been anticipated in the preceding phases of Lechner's work. Even his *Deformations* and *Twistings* were the result of weaknesses in the worked material (see cat. nos. 7ff., 111ff.); and the early series of cubes not only rehearsed various degrees of disassembly, but also contrasted a forged, blackened tinder-like surface with the silvery gleam of the cut made by a saw. The smoothly forged *Disks* opposed their swelling rims to exact linear divisions; and the tension produced by a cut caused the rolled steel sheets to spring into curves. In the 1990s Lechner's work retains the overall coherence that had already been established, yet it gains in a radical quality and in clarity. Would it be over sentimental to say that in the displacement and warping of glowing masses of steel it also gained in strength of feeling?

This development begins with the stronger emphasis on rolled and forged steel. Where steel is hammered, the metal mass ends in fleshy bulges. Where the malleable steel is flattened by being rolled across its breadth and length, its edges curve in and out like those of a human or animal body. Regardless of the intended function of the worked metal, the processes of forging and rolling thus preserve the sense of immense compression and violent alteration. Lechner exploits this expressivity, indeed he positively stages it. He saws a forged steel girder in half and pushes the two pieces together to form a stele, with both of the terminating bulges turned upwards, suggestive of nests perched at the top of a cliff (plates on pp. 40–41). He places a rolled metal plate on the ground in such a way that the rolled ends—both indented and bulging, concave and convex—are prominently displayed (plates on pp.126–27, 132). The half-meter thickness of the steel here also intensifies the sense of physical concentration.

In contrast to such rounded bulges, fleshy softness, and concentrated masses of metal is the precisely measured cut. Each cut defines the overall form according to geometric proportion. Often, in accordance with Lechner's personal "divine proportion," squares and rectangles are separated. In the cutting process, it is the coldly dissecting saw that is the most severe in its effects: the knife-sharp divisions it creates have the precision and finality of lines made by a designer at his drawing board. The cut thus offers the most extreme contrast imaginable to the amorphous ends of the piece. Lechner frequently uses such saw cuts to emphasize line, and for this reason the fragments (except in the case of the cubes) are often turned inwards and pushed close together. The marks left on their surfaces then appear as if they had been made with a cutting wire. Lechner's way of working with the cutting torch is, however, quite different. Here the appearance of the metal interfaces is revealing. The surface of the cut clearly records the path of the tongue of fire (plate on pp. 102–103). The line starts to swerve towards the center, because the steel is less dense here and offers little resistance to the great heat of the flame. The result is a rather turbulent pattern of engraved lines—it recalls, perhaps, the rhythms of a script or of grass waving in the wind. The surface, at first smooth, is increasingly covered with slight scratches, with ever more cursory hatching strokes, following the path of the flame. Once the process is complete, Lechner does not push such worked surfaces together, but rather emphatically turns them outwards, as vivid records of the artist's intervention.

In the works based on broken pieces of metal, the mathematical aspect of the conception retreats even further into the background. The fracturing, splitting, and splintering of stone, wood, and clay were, of course, already to be found in the Process Art of around 1970. Lechner, however, has introduced alloys with a high chrome and carbon content: these are rigid instead of flexible and have an almost vitreous brittleness instead of the smoothness of damask steel. As a result, there is a risk of fracture. While this is something that industry seeks to avoid as an expensive error, for Lechner it is an outcome that is intended. He uses hydraulic presses, the application of the punch allowing an approximate prediction of the course a fracture may follow. On the other hand, it is not possible to "plan" deviations, effects of bevelling, splitting along the edges, and ornamentally coiling curves. These results expose the inner life of the steel: there may be impregnable zones of toughness, endangered veins, disturbances within the molecular structure that counter the plain finish of the outer contours (plates on pp. 87–89, 107).

The working process always has something spectacular about it: throughout the foundry, workers await the outcome with baited breath. Does not the fact that imperfection is here emancipated as art—serving no end and yet at the same time becoming its own end—approach a classical definition of art? Yet the drama of the material itself is not the whole story. For it is the act of arranging the worked pieces of metal that turns process into sculpture. Lechner is a master of positioning that is as concise as it is effective. In this aspect of his work he proves exceptionally discerning. Two fragments will be placed next to each other in such a way that the line of one fracture runs down to meet the line of another (plate on p. 118), the distance between the two fragments corresponding to the gauge of the steel. The streamlined, irregular triangle almost elegantly sublimates every exertion into the "fruitful moment" of the points of fracture. No less striking: a sheet of steel, almost four meters long, is split in a gentle arc along its length (plate on p. 125). Lechner places one section with its cracked, concave side facing upwards. The other fragment is placed with its rounded side down, so as to form a bridge, with its straight upper line providing a sharp contrast to the arc of its pendant. Thus, out of the simple opposition of two fragments, a complex sculptural structure is created, within which the basic shapes of a landscape—swellings and hollows—resonate against each other.

Lechner's key quality is resistance. In other words: wherever an element of resistance is detectable, Lechner is in his element. "Resistance" is here understood as an aesthetic, not a psychological, quality. It is, perhaps, for this reason that steel, this most resistant of materials, is of such singular importance to Lechner. One series of drawings was made by the artist slowly and laboriously shunting a steel block (the embodiment of resistance) across a surface (see illus. on p. 18). The drawing implement then marked out the surface that had been regained. In the *Compressions* this process attains a monumental quality, with the steel now on the defensive. While still malleable, it is rolled against an obstacle, so that it bunches up, forms into waves, and huddles into kinks before solidifying (plate on p. 43). The resulting sculptural form, forced up into mountain-like folds, or pushed off the ground, captures the instance of impact. It records the moment the thrust of surging metal is brought to a stop. This distinguishes Lechner's output from that of other artists, even from works that are, in principle, related, such as the *Felt Pieces* by Robert Morris. It is the sense of enormous pressure brought to an extreme point that makes Lechner's work so radical.

Is Lechner moving ever deeper into a most painstakingly researched world that is yet mysterious? Industry calculates and tests the constructive capacities and the durability of steel. Lechner, on the other hand, labors with the destructive fiasco of torn steel plates and cylinders. Increasingly, he has retreated from creating and shaping, and recently he has even reduced the application of external mechanical force. For a number of years his attention has been focused on the overall physical tension of any given piece of steel. His audacity becomes that of a demiurge as he calls into play enormous concentrations of heat and equally enormous drops in temperature so that these may work on the metal for him. Red-hot steel reacts to the shock of a vast temperature change. The heat that resides at the core seeks a way out. Steel sheets split in explosive twists and bizarre hairpin curves. Cylinders crack along their length (plates on pp. 32–33). Under the most extreme physical conditions, steel brings forth its own forms. Only then does Lechner intervene by hammering a certain section flat or by sawing through a cylinder. The installation of each work is intended to emphasize this contrast between impact from the exterior and the corresponding internal repercussions. Alternatively, it may enthrone the notion of rupture itself. The result is sculpture that is colossal in scale and character and that appears to occupy a position somewhere between a natural catastrophe and the products of industry and art. Within Lechner's oeuvre, such works are diametrically opposed to those created by means of perfectly measured penetration. It is telling, however, that Lechner has been simultaneously elaborating the complexly subdivided blocks of the *Constellations*, which are devised using a ruler and a pair of compasses (plates on pp. 46–63). Nonetheless, the same basic concepts of process and construction inform both series.

Metaphor and Emotion

The question regarding the relationship between Lechner's sculptural work and the forms found in nature is posed with good reason. Analogies with geological upheavals, images of solidified streams of lava, and of volcanic cataracts cooling as they tumble into the sea here become concrete. The proximity of Lechner's sculptures to geological formations and faults charges them with a strong element of emotion. In eighteenth-century aesthetics the union of beauty and terror was counted as "sublime." Faced with Lechner's *Ruptured Plates*, it is hard to deny the relevance of this way of thinking even two hundred years later (plates on pp. 70–71, 111).

The *Broken Plates*, too, call up associations with landscape (plates on pp. 118, 120–21, 128, 136–37, 140–41). Gorges, the cracked surface of dry mud, winding water courses—these formations arouse the sense of destruction as well as that evocative of the purest linear harmony. Here, too, there remains the suggestion that (despite the expended sum of human intellect and ingenuity) it is not man, but rather nature, that is at work. The impression of destruction and that of creation counterbalance each other. For a former stables (now a cellar) in the palace at Gotha, Lechner has proposed the installation of a gigantic cracked steel plate. Nothing but that. His observations on this proposal recall that a certain amount of subsidence must have occurred on this spot as such an interior must formerly have been at ground level for use by horse-drawn carriages. Lechner's *Broken Plates* are also related to alterations of this sort. As was the case with the *Ruptured Plates*, Lechner has increasingly described these works as "emotional." This is surely correct if one understands this term to be an allusion to our own sentimental reactions, informed as these are by imagination and our own store of images; on the other hand, it remains an arbitrary definition because physicality is neither rational nor emotional, but rather a purely mechanical aspect of behavior. These sculptures too are self-referential—even in, and precisely because of, the material's liberation from any particular purpose. Nonetheless, they are not lacking in aura or pathos. Among Lechner's most significant works are the cruciform plates "broken across the staff" (plate on pp. 88–89). They show how Lechner's variant of material positivism can issue in a form of silent rhetoric and even, without the least compromise, attain the symbolic. The temporary installation of the sculpture *Broken on the Staff* in the choir of the Dominican church at Osnabrück confirms this, albeit not definitively (plate on pp. 94–95). The association, too, of the cross and death on the cross, accompanying the notion of destruction, remains here a subsidiary element. The impact in this case derives above all from the ceremonial placing of the twice broken plate in relation to the unbroken girder, the latter lying beneath it—like the upright beam of a cross?—and raising up the central fracture as if displaying a gaping wound. May we interpret this as an instance of tormented material transcending itself through its own richness of allusion? This emotional exaggeration is also ensured through the considered dramaturgy of Lechner's treatment of material qualities.

And yet Lechner's endless curiosity is such that he eschews any linear single-mindedness. It is, of course, true that the *Ruptured Plates* have evolved as one of the last consequences of the objectification of the artist's subject. They corroborate the artist's retreat from his work and surrender emotional appeal to the eruptions of violence in the material itself. Viewed in this way, the *Ruptured Plates* constitute a high point of delegated emotionality. At the same time, however, Lechner has returned to his favored analytical model, the cube, re-examining its apparently perfect and familiar stereometry. He is now especially concerned with the impact that milled angles may have on the way a cube is perceived: in Lechner's view, this has more to do with the visible number three than with the conceptual number four (plates on pp. 112–13). He now asks how many saw cuts are required, calculated in strictly economic terms, for the three-dimensionality of the cube to be apparent on the inside as well (plates on pp. 146–49). The saw works through the cube producing a network of internal lines and points of intersection, thus forcing to the surface a game of optical confusion. In other works Lechner imposes a cut in the manner of a surgical intervention, so as to remove a piece of metal. Then the block is further worked into a state of symmetrically ornamental deformation. No other sculptor has ever made such discoveries about the cube; no other has attained such an exact and discerning knowledge of steel.

Photonachweis

Die Bildvorlagen stammen von Günter von Voithenberg, München, außerdem von folgenden Photographen (Ziffern sind Seitenverweise):

Margreth Brill, St. Wendel Umschlag, 72/73, 74–79, 102/103, 166 (514), 168 (526)
Jörg Koopmann, München 85
Gerd Pfeiffer, München 28 (Mitte)
Dietmar Schneider, Köln 28 (unten)
Stefan Moses, München 2
Bernd Weisbrod, Mainz 114/115, 162 (480)